BRETT UND STEIN
VERLAG

Nakayama Noriyuki

Die Schatztruhe

Nakayamas Go-Geschichten und Rätsel

BRETT UND STEIN
VERLAG

Titel der englischen Originalausgabe:
The Treasure Chest Enigma. A Go Miscellany.

Bibliografische Information der Deutschen Nationalbibliothek
Die Deutsche Nationalbibliothek verzeichnet diese Publikation in der Deutschen Nationalbibliografie; detaillierte bibliografische Daten sind im Internet über http://dnb.d-nb.de abrufbar.

Den japanischen Gepflogenheiten und der in Ostasien üblichen Reihenfolge entsprechend, wird bei Personennamen stets der Familienname dem persönlichen Namen vorangestellt.

ISBN 978-3-940563-02-6

Übersetzung: Gunnar Dickfeld
Umschlaggestaltung und Fotos: Gunnar Dickfeld
Druck: Books on Demand GmbH, Norderstedt

Die Diagramme in diesem Buch wurden erstellt mit SmartGo^{TM}: http://www.smartgo.com/de

Printed in Germany

Inhalt

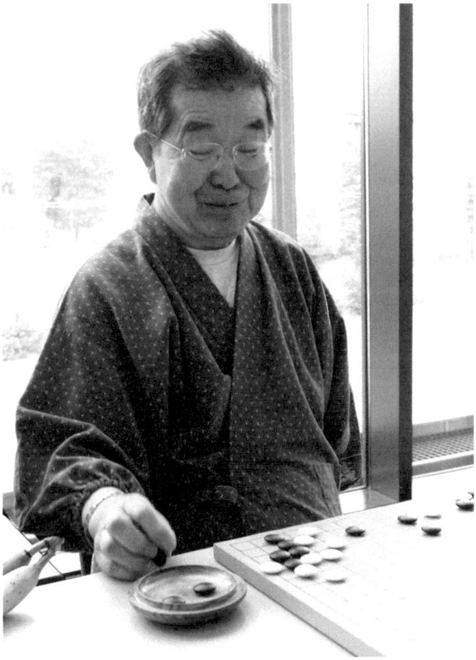

Über den Autor

Nakayama Noriyuki wurde am 3. September 1932 in der Nagano-Präfektur in Japan geboren. Im Jahr 1953 wurde er Schüler von Suzuki Goro 8. Dan und erlangte 1962 den Profistatus. Noch im September des gleichen Jahres stieg er zum 2. Dan auf und promovierte kontinuierlich jedes Jahrzehnt um einen weiteren Rang. Seit den 1990er Jahren trägt er den 6. Dan.
Im Jahr 2002 erhielt er den Okura-Preis für die Verbreitung und Förderung des Go-Spiels. Nakayama ist nicht nur ein ehrgeiziger Buchautor, sondern er veröffentlicht auch Beiträge in der japanischen Tageszeitung Asahi.
Nakayama Noriyuki lebt heute in Kamogawa in der Chiba-Präfektur. Er besucht regelmäßig Go-Veranstaltungen in Europa und den USA, wie den Europäischen Go-Kongress und den Go-Kongress in den USA.

Vorwort

Mit Freude habe ich vernommen, dass Nakayamas „Schatztruhe“ ins Deutsche übersetzt wird.

Es ist eines meiner absoluten Lieblings-Go-Bücher, auch oder gerade weil es nicht nur um Spieltechniken geht, sondern weil Nakayama uns etwas über die Atmosphäre im japanischen Go erzählt. Geschichten, die uns die menschlichen Seiten der Sakatas, Kajiwaras, Chos und der anderen Go-Legenden zeigen, die der abendländische Go-Spieler meist nur aus den Go-Nachrichten oder vom Nachspielen ihrer Partien kennt. Geschichten, die aus dem Leben gegriffen sind und dabei auch doch so einzigartig wirken, dass man sich wundert, ob Nakayama eigentlich immer dabei ist, wenn in der japanischen Go-Welt etwas Spannendes passiert.

Ich wünsche dem Leser viel Spaß mit den kleinen Anekdoten, den interessanten Partien und natürlich mit den hübschen Treppenproblemen und hoffe, dass ihm das Buch genauso gut gefällt wie mir.

Dr. Michael Marz
Präsident des Deutschen Go-Bunds

Leipzig, 1. April 2008

Kapitel I

Go-Geschichten

Das rätselhafte Go-Problem

Erfolgsrate der Profis gleich null

Die folgende kleine Geschichte spielte sich um das Jahr 1958 herum ab. Mizuno Hiroshi und ich hatten am Qualifikationsturnier für Profis, das vom Nihon Kiin durchgeführt wurde, teilgenommen. Einige meiner Leser werden Mizuno Hiroshi aus Toyama kennen. Er war ein bekannter Amateur-Spieler und erreichte sogar das Finale des Amateur-Honinbo-Turniers, wo er dem langjährigen Gewinner Kikuchi Yasuro schwer zugesetzt hatte. Heute ist er ein Go-Profi des Kansai Kiin mit dem Rang eines 8. Dan, damals jedoch war er ein ganz normaler Möchtegern-Profi.

In meiner Partie mit Mizuno entstand eine äußerst seltsame Position, die mir erst in der üblichen Spielanalyse nach der Partie auffiel. Es handelte sich dabei um ein Leben-und-Tod-Problem, das, entfernt man die ringsum liegenden Steine, wie Abbildung 1 aussieht.

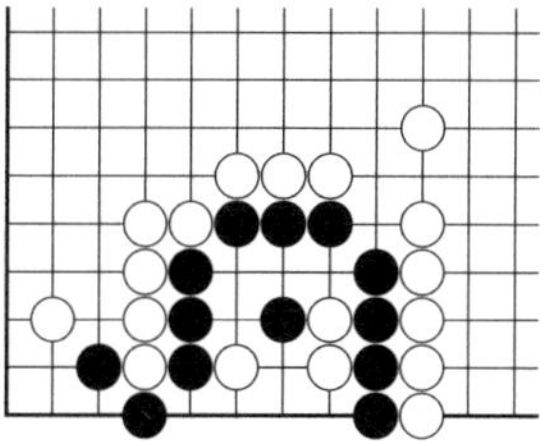

Abb. 1 Weiß am Zug.

In den alten, klassischen Go-Büchern hätte die Aufgabenstellung gelautet „Weiß zieht. Wie heißt das Ergebnis?" Die heutigen Go-Bücher sind aber viel freundlicher und fragen deshalb: „Weiß zieht und fängt Schwarz."

Es gab und gibt unzählige Leben-und-Tod-Probleme, dieses Problem allein bleibt bis heute ein Rätsel.

Üblicherweise wird zusätzlich zu einer Aufgabenstellung eine kleine Anmerkung zur Motivation des Go-Spielers gestellt, zum Beispiel: „Du bist Shodan, wenn du das Problem in drei Minuten lösen kannst." oder „Fünf Minuten für einen 3. Kyu.". Als Entdecker dieser Problemstellung hätte ich dazu folgendes geschrieben: „Wenn du das Problem innerhalb von drei Tagen lösen kannst, bist du kein Profi. Kannst du es hingegen in nur einer Minute lösen, bist du 9. Kyu oder sogar noch schwächer."

Tatsächlich kenne ich keinen Profi, der dieses Problem lösen konnte. Vielleicht sollte ich auch noch darauf hinweisen, dass es sich um ein sehr leichtes Leben-und-Tod-Problem handelt. Ich kenne dagegen eine ganze Reihe von Anfängern, die es durch das schlichte Auslegen der Steine auf dem Brett entschlüsseln konnten.

Eines Tages erschien jedenfalls mein Lehrer Suzuki Goro 6. Dan im Nihon Kiin und sprach Shioiri Itsuzo 4. Dan an, der sich mit einigen Angestellten des Nihon Kiin unterhielt. „Ich habe hier ein interessantes Problem aufgespürt. Möchtest du vielleicht einmal einen Blick darauf werfen?"

Darauf antwortete Shiori, der ein Liebhaber von Leben-und-Tod-Problemen war: „Wenn es wieder eines deiner Probleme ist, dann kann ich ja nicht viel erwarten. Aber zeig es ruhig einmal her." Dann setzte er sich vor uns an den Tisch und Goro baute das Problem auf dem Brett auf. Nach einer Weile fragte Goro: „Und?".

„Hm." Shioiri schaute misstrauisch. Die schwarze Innenfläche der Stellung bot zu wenig Platz für Nakade (das Reduzieren der Innenfläche auf ein großes Auge). Auch Schwächen in der äußeren Grenze waren nicht zu erkennen. Shioiri, der Experte, schien keine Idee zu haben. Fünf Minuten vergingen, dann sprach Goro: „Das ist genug für jemanden mit deinen Fähigkeiten."

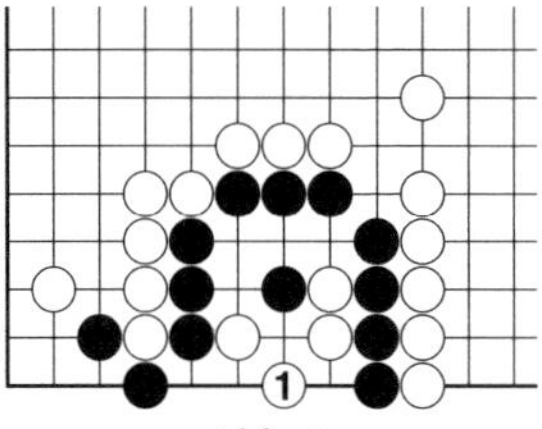

Abb. 2

Er gab vor, die Steine wegräumen zu wollen, Shioiri aber stoppte ihn hastig und sprach: „Warte einen Moment. Was ist mit diesem Zug?" Er nahm einen Stein und setzte ihn auf 1 in Abbildung 2.

Natürlich funktionierte dieser Zug nicht, denn Schwarz lebt immer, egal welche Antwort er wählt. Nun muss man allerdings erklären, dass für das Selbstverständnis eines Profi-Spielers das Setzen eines Steins dem Eingestehen einer Niederlage gleichkommt. Natürlich war Shiori auch klar, dass Weiß 1 nicht die Lösung sein konnte. Seine Selbstachtung aber ließ es nun einmal nicht zu, sich einzugestehen, das Problem nicht lösen zu können.

Nach weiteren zwanzig Minuten, in denen Goro ihn reichlich geneckt hatte, wurde es Shioiri zu viel und er stürmte mit den Worten „Da muss ein Fehler in dem Problem sein!" davon.

Der nächste, der erschien, war Maeda Nobunaki, der „Gott des Tsume-Go" (Problem-Go). Maeda war einmal Shioiris Lehrer gewesen und so rief ihn Goro schnell herbei. „Ah, Sensei! Sie kommen genau zur richtigen Zeit. Ich habe hier ein Problem, über das sich Shioiri bereits eine Stunde den Kopf zerbrochen hat. Er hat es jedoch nicht lösen können." Maeda betrachtete das ungelöste Problem.

Fünf Minuten lang herrschte Stille. „Ich kann keine Lösung erkennen. Wie lautet denn die richtige Antwort?" fragte er mit leiser Stimme, wobei er aber gottgleich die Haltung bewahrte. Die Lösung, die Goro ihm gab, überzeugte ihn sogleich.

Langsam entwickelte sich also eine spannende Geschichte. Da bisher keiner das Problem gelöst hatte, beobachtete ich die weiteren Vorgänge mit höchstem Interesse. Ein Profi nach dem anderen erschien, schaute auf das Problem und musste unverrichteter Dinge wieder gehen. Zu meinem Erstaunen löste niemand das Problem. Im ganzen Nihon Kiin gab es keinen, der seinem Ruf als Profi Ehre gemacht hätte.

Als letzter erschien Honinbo Takagawa. Goro rief ihn mit den Worten: „Kaku, schau mal hier! Anscheinend habe ich das schwierigste Problem aller Zeiten entdeckt." Auch Takagawa nahm sich daraufhin die Zeit und ebenso wie alle anderen vor ihm, gab er ebenfalls nach einer guten Viertelstunde auf. In die Gesichter der grinsenden Zuschauer blickend wechselte Takagawa jedoch die Strategie und fragte meinen Lehrer nach dem Preis für das Problem. Zufällig benötigte er nämlich gerade ganz dringend ein Leben-und-Tod-Problem.

Man einigte sich also auf dreitausend Yen und mein Lehrer Shioiri verkaufte das Problem ohne die Zustimmung seines Schülers einzuholen. Das Geld wurde umgehend in kleine Kuchen umgetauscht und unter den Anwesenden verteilt.

Der alte Fuchs Takagawa spielt jemandem übel mit

Einige Tage später erschien das Problem in der Tageszeitung Mainichi. Als Autor wurde natürlich Takagawa angegeben. Die Aufgabenstellung lautete: „Was passiert, wenn Weiß zuerst spielt?" Es wurde sogar ein kleiner Preis für die korrekte Antwort ausgelobt. Die Mehrheit der professionellen Go-Spieler, die das Problem in der Zeitung sahen, dachten jedoch, es müsse wieder ein Druckfehler in dem Diagramm sein, denn die Mainichi war zu jener Zeit bekannt dafür, dass sie regelmäßig Druckfehler enthielt.

Einer dieser Profis war Kano Yoshinori 7. Dan. Er rief umgehend Takagawa an, den er sehr verehrte, und fragte ihn, ob es sich um einen Druckfehler handeln würde. Takagawa antwortete daraufhin, dass es sich nicht um einen Fehler handeln würde.

„Tatsächlich, wie soll es denn dann gelöst werden?“ fragte Kano ungläubig. Takagawa antwortete nicht. Vermutlich musste er sich sein Lachen verkneifen, doch dann kam ihm die Idee, sich mit Kano einen kleinen Spaß zu erlauben. „Eigentlich habe ich das Problem nur von Goro gekauft. Ich verstehe es selbst nicht so recht, also versuche doch, Goro nach der Lösung zu fragen.“

„Das werde ich sofort machen.“ sagte Kano und legte auf.

Mit diesem kleinen Spielchen schickte er also Kano los, der nichts ahnend in die Falle ging und in seiner Pedanterie nun sofort bei Goro anrief.

Zufällig war ich es, der den Anruf annahm und den Sensei an das Telefon rief. Ich dachte mir, dass dies ein lustiges Gespräch werden könnte, weshalb ich die nun folgende Unterhaltung mit dem Leser teilen möchte.

„Hallo, hier ist Suzuki. Wie bitte? Ein Fehler in dem Leben-und-Tod-Problem? Wo? Ich kann keinen Fehler erkennen.“

„Das ist seltsam, denn ich kann nicht sehen, wie man dieses Problem löst. Wie zum Teufel soll es gehen?“

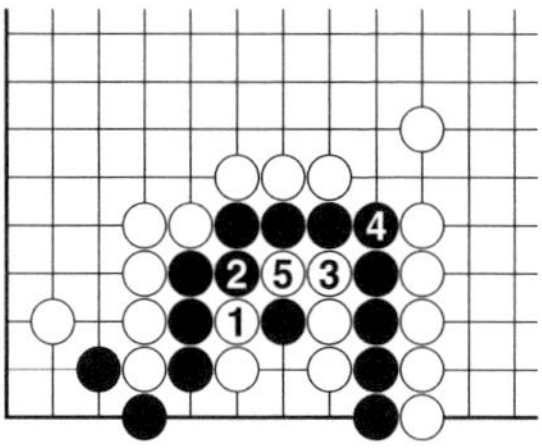

Abb. 3

„Es ist wirklich hoffnungslos mit dir. Ich bin erstaunt, dass du ein so einfaches Problem nicht lösen kannst. Also höre mir zu: zuerst spielst du zwischen die Lücken und fängst einen Stein.“ (Abb. 3) sprach Goro in einem lässigen Ton – er ist ein wahrer Schauspieler!

Er grinste kein bisschen, hatte aber ersichtlich seinen Spaß.

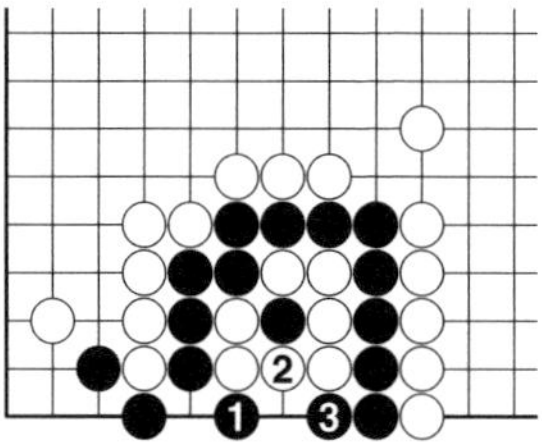

Abb. 4

„Häh? Was geschieht, wenn Schwarz nun Atari gibt und dann unten herum verbindet?“ (Abb. 4) Kano schien zu denken, dass man diesen weißen Angriff leicht widerlegen könnte – Weiß muss doch aufgeben, wenn er so umzingelt ist. Goro musste also halluzinieren.

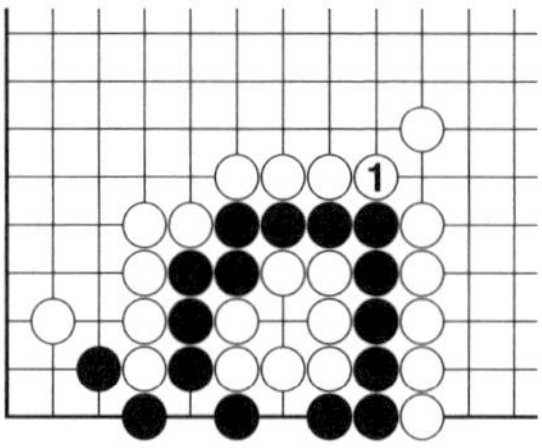

Abb. 5

„Dann besetzt du natürlich die Außenfreiheit.“ setzte Goro fort. Er war sich sicher, dass Kano es jetzt erkennen würde (Abb. 5).

Analysieren Profis Leben-und-Tod-Probleme, so legen sie keine Steine auf das Brett, andernfalls könnten selbst sehr schwierige Probleme relativ leicht gelöst werden. Dies gibt dem Spieler jedoch kein Training für tatsächliche Partien. Haben sich meine Leser diese Angewohnheit ebenfalls zu eigen gemacht, ein Go-Problem erst im Kopf zu durchdenken, dann ist das Erreichen eines 5. Dan Amateur-Ranges oder höher nur eine Frage der Zeit.

Der Grund für Kanos tragische Komödie hingegen bestand in einem Knick in dem Go-Brett seiner Vorstellung, ein blinder Fleck in seinem mentalen Rechenzentrum. Er hatte noch immer kein Einsehen und bestand weiterhin auf eine Lösung: „Gut, was passiert, wenn Schwarz Atari auf die sieben weiße Steine gibt?".

Was passiert, zeigt die Abbildung 6. Selbst jemand, der gerade erst die Go-Regeln gelernt hat, kann sehen, dass Schwarz das Atari auf 1 nicht spielen kann. Kano aber war es todernst. Er schien völlig blind für den schwarzen Mangel an Freiheiten zu sein.

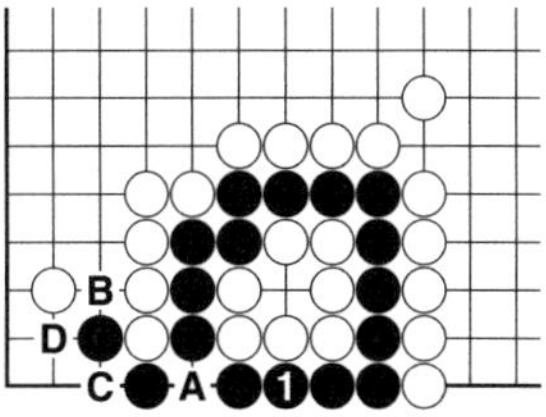

Abb. 6

Beachte: Wenn Schwarz 1, dann schlägt Weiß auf A die 15 Steine. Wenn Schwarz 1 auf A, dann Weiß B, Schwarz C und Weiß D. Schwarz kann nie auf 1 spielen.

Für Goro jedenfalls war es zuviel. Sein Lachen nur mühsam unterdrückend, presste er heraus: „Kano, du kannst da nicht spielen!"

Eine ungehaltene Erwiderung kam durch den Hörer zurück. Welches Recht hatte Goro, sich über ihn lustig zu machen, wenn es doch sein Ernst sei! Und das in Anwesenheit eines Schülers – das war unverzeihlich.

„Ich spiele da trotzdem!"

„Kano, du kannst da nicht spielen!" Goros Warnung drang nicht zu ihm durch.

„Ich spiele da trotzdem!" Der Frust und die Verzweiflung, die in Kanos Stimme mitschwangen, ließen Goro endgültig die Kontrolle verlieren. Er lachte und lachte. Man kann sich vorstellen, wie verärgert Kano am anderen Ende der Leitung sein musste, aber Goros Lachen hörte nicht auf.

„Das ist kein Witz." versuchte Kano endlich den Faden wieder aufzunehmen. „Was passiert, wenn ich Atari gebe?" Schließlich fasste sich Goro wieder und sagte: „Nun, du hast keine Freiheiten mehr. Ich schlage alle deine Steine."

Für einen Moment war Stille. Kano antwortete nicht. Vermutlich ging er das Problem noch einmal vom ersten Stein an durch. Die

Erwähnung der Freiheiten musste etwas in ihm ausgelöst haben, das ihn das Problem noch einmal von ganz vorn durchging.

Schließlich hörte man nur noch einen erschreckten Aufschrei und das Telefon wurde aufgelegt.

Unmöglich war es,
die Stadt im Meer zu finden,
so kehrte das Schiffchen heim.
Shodo

Drei Tage hartnäckiges Nachdenken

Die Opfer des Leben-und-Tod-Problems blieben nicht nur auf die oben genannten Personen beschränkt. Jahre später hat Suzuki Goro auch Segoe, Kitani, Iwamoto, Hasegawa, Murashima und Fukuhara mit diesem Problem hereingelegt.

Unter all diesen Opfern musste Suzuki Tsuna 3. Dan, Goros Frau und eine verehrenswerte Lehrerin, am meisten leiden.

Tsuna hatte ebenfalls das Problem in der Mainichi gesehen. Sie fand es ungewöhnlich und legte es sofort auf einem Brett aus, setzte sich hin und dachte darüber nach. Sie konnte nicht einmal genau ausmachen, worum es in dem Problem geht. Shioiri hatte seine Niederlage nach zwanzig Minuten eingestanden, aber die Frauen unter den Profis sind aus einem härteren Holz geschnitzt.

Sie musterte das Problem bereits über eine halbe Stunde, als ihr Mann dies zufällig sah. Sie würde dieses Problem in drei Tagen nicht lösen, spottete er und ließ sie mit dem Problem wieder allein. Seine Worte hatten jedoch einen unerwarteten Effekt. „Oh, so schwer ist es? Nun, dann werde ich es erst recht versuchen.“ Ich weiß nicht, ob diese Worte tatsächlich durch Tsunas Kopf gingen, aber fest steht, dass sie lange und angestrengt über das Problem nachdachte.

Frauen haben in der Regel viel zu tun. Sie können nicht ihre ganze Zeit vor einem Go-Brett verbringen. Kochen, Waschen, Go-Unterricht – Tsuna war keine Ausnahme. Drei Tage später lag das Problem noch immer auf dem Brett aufgebaut in einer Ecke des Zimmers. Immer, wenn sie eine freie Minute hatte, nahm sie es sich erneut vor. Schließlich kam der Tag, an dem es gelöst wurde.

Suzuki Seiichi war der einzige Sohn der Familie Suzuki. Er ging damals bestimmt noch in die Grundschule und hatte Go nur durch das Zuschauen von seinen Eltern gelernt. Er mochte etwa

9. Kyu sein, aber er war fasziniert von seiner Mutter, die jeden freien Moment nutze, um über dieses eine Go-Problem nachzudenken. Es war lange her, dass er sie so ernst gesehen hatte.

„Mutter, was ist?" fragte er sie und schaute dabei nur kurz auf das Brett. „Ah, ich hab es!". Tsuna lächelte. Was sagt das Kind? Wie kann es ein Problem verstehen, dass selbst ein Profi in drei Tagen nicht durchdringen konnte.

„Gut, zeig es mir." sagte sie.

Seiichi legte die ersten fünf Züge auf das Brett und sagte: „So kannst du einen Stein fangen." (Abb. 7). „Wenn nun Schwarz Atari gibt, dann schlägt Weiß einen Stein. Nun spielt Schwarz die Verbindung am Rand und...".

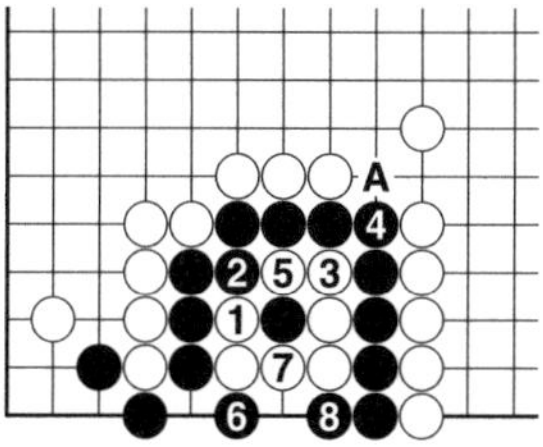

Abb. 7

Als er Zug 8 auf das Brett legte, musste Tsuna schlucken, denn nun hatte auch sie den weißen Zug entdeckt, der die schwarze Freiheit auf A besetzt. Es war der gleiche blinde Fleck, der auch schon Kano zum Narren gehalten hatte.

Die Götter verleihen die Weisheit
Einem unschuldigen Kind –
Pfirsichblüten erblühen.
Shodo

Go ist raffiniert und geheimnisvoll. Das Problem kann von jedem gelöst werden, der die Steine auf dem Brett auslegt. Aber wenn man es in seinem Kopf lösen möchte, dann wird es zu einem Labyrinth. Ich kann nicht beurteilen, ob dieses Problem eine mittelmäßige Komposition ist oder ein Meisterstück. Aber ich weiß, dass es eines der schwierigsten Probleme ist, die es je im Go gegeben hat und dass es Profi-Spieler nicht lösen können.

Eine bewegende Geschichte, die mir mein Lehrer Suzuki Goro 7. Dan erzählte, ist die folgende.

„Dies geschah, als ich etwa 1. oder 2. Dan war. Eine sehr schwierige und komplexe Position tauchte in einer meiner Partien auf. Egal wie angestrengt ich darüber nachdachte, ich konnte sie nicht verstehen. Weil es ein Zeitlimit gab, machte ich einen Kompromiss und spielte einen Zug, den ich für vernünftig und vertretbar hielt. Später, als ich das Spiel meinem Lehrer Suzuki Tamejiro zeigte, bat ich um seine Meinung.

Mein Lehrer schwieg einen Moment, dann rügte er mich: ‚Wenn du nicht wusstest, wie du spielen solltest, warum hast du dann einen Stein aus der Dose genommen? Warum hast du nicht so lange nachgedacht, bis du es verstanden hast?' Nach einer Pause fügte er in ruhigen Worten hinzu: ‚Die Aufgabe eines Go-Spielers ist es, die Wahrheit zu suchen, egal wie lange es dauert.'"

Dies ist eine traditionelle Geschichte der Suzuki-Schule, die eine gemeinsame Eigenart all ihrer Schüler wie Kitani Minoru 9. Dan, Sekiyama Riichi 9. Dan, Shimamura Toshihiro 9. Dan und anderer offenbart. Suzuki Tsuna hatte sich vorgenommen, über das Problem so lange nachzudenken, bis sie die Lösung gefunden haben wird. Diese Einstellung, sie mag all jenen unbegreiflich sein, die stets erst auf die Lösung eines Leben-und-Tod-Problems schauen, sie ist ohne Frage die Grundlage des professionellen Go.

Zu jener Zeit, da das Problem veröffentlicht wurde, vergab die Zeitschrift „Kido" jedes Jahr einen Preis für das beste, veröffentlichte Problem. Maeda Nobuaki 8. Dan, der der Jury angehörte, sagte zu mir: „Wenn dieses Problem in der ‚Kido' erschienen wäre, dann hätte es ganz sicher den ersten Preis gewonnen."

Gelächter zur Geisterstunde

Illusion der Stärke

Warum ist Honinbo Ishida Yoshio[1] so stark?

Jeder hat dazu seine eigene Meinung. Die einen sagen, dass seine besondere Begabung durch fleißiges Studieren zum Erblühen gebracht wurde. Da dies mit einer starken Persönlichkeit zusammenkam, ist das Resultat seine beeindruckende Spielstärke. Diese Erklärung bringt es wohl ziemlich genau auf den Punkt.

Man stelle sich einen zweiten Profi vor, der etwas begriffsstutzig ist, keine Anstrengungen unternimmt und sein Training und Studium vernachlässigt. Nach etwa zehn Jahren würde eine beträchtliche Differenz in ihrer Stärke und ihren Erfolgen deutlich werden.

Es gibt jedoch Zeiten, in denen die zahlreichen mittelmäßigen Spieler die Illusion haben, stärker zu sein als sie von sich selbst gedacht hätten. Und ist es nicht wahr, dass, je länger ein Mensch diese Illusion hat, er wirklich ein starker Go-Spieler ist?

Fragt man Profis, wann sie am glücklichsten waren, dann werden die meisten von ihnen antworten: „Als ich Profi wurde." Unzweifelhaft ist das der Zeitpunkt, wo die Illusion der Stärke am intensivsten ist. Natürlich ist es ein Zeichen beachtlichen Könnens, zahlreiche Rivalen hinter sich zu lassen und Shodan zu werden; daher ist diese Selbstüberschätzung nur allzu verständlich.

Die Spiele eines frisch gebackenen Profis zeigen ein hohes Maß selbstbewusster Schlagkraft und Vitalität. Man muss sich nur an Aragaki, einen Schüler von Sakata Eio 9. Dan, erinnern, der bei seiner ersten Niederlage im Oteai-Turnier ausrief: „Aufgrund dieser Partie werde ich eine Partie später befördert!" Klar, dass sein Gegner und die anwesenden, starken Spieler sprachlos vor Erstaunen und Belustigung waren.

Sie werden es nicht offen zugeben, aber alle Profis sind so. Aragaki, mein Junge, sofern es deinen Kampfgeist betrifft, so bist du wirklich schon einer von Ishidas Klasse! Folge deinem eigenen Weg wie ein hartnäckiger Bursche und in zehn Jahren wirst du Aragaki Meijin werden.

---

1 Der Artikel wurde 1975 geschrieben, als Ishida den Titel des Honinbo trug.

Mitternachtsspiele

Im Sommer 1962 mussten vier junge Profis im zweiten Stock des Nihon-Kiin-Gebäudes übernachten, weil sie durch Wettkampfpartien aufgehalten wurden. Es war nicht so, dass es ihre eigenen Partien gewesen wären, sie hatten vielmehr über dem Zuschauen und Diskutieren der im Nihon Kiin ausgetragenen Turnierpartien die Zeit vergessen, so dass es sehr spät wurde und sie absichtlich oder unabsichtlich den letzten Zug verpassten.

Diese vier Spieler waren Abe Yoshiteru 3. Dan (heute 9. Dan), Takagi Shoichi Shodan (heute 9. Dan), Fukui Masaaki Shodan (heute 8. Dan) und Nakayama Noriyuki Shodan (der Autor). Abe hatte gerade seine Promotion zum 3. Dan erhalten, die anderen drei standen kurz vor der Promotion zum 2. Dan.

Wenn vier Profis zusammen kommen, dann wird üblicherweise eine Partie Mahjong begonnen, aber die beiden neuen Shodan Fukui und Takagi fanden Go so anziehend, dass sie an nichts anderes denken konnten. Auch Abe hatte nichts anderes als Go im Sinn. Nachdem die Bretter schon lange weggeräumt waren, drehten sich die Gespräche weiter um Go. Es ist sicher seltsam, es zu erwähnen, aber selbst auf der Toilette brachen unsere Unterhaltungen über Go nicht ab.

Das Gebäude des Nihon Kiin in Takanawa war schon sehr alt. Weil es eine sehr heiße Sommernacht war, war es nicht leicht, Schlaf zu finden. Als wir die Fenster öffneten, war der Besuch von Moskitos, die aus dem benachbarten Tempel kamen, unvermeidlich. So machten wir also das Licht aus und legten uns nieder. Aber unsere Gedanken kreisten weiterhin um die Partien des Tages. Wir waren noch so aufgeregt, dass es unmöglich war, einzuschlafen. Selbst wenn wir es versuchten, unsere Augen öffneten sich ganz von allein wieder.

„Hey, Fukui, schläfst du?“ hörte man Abes Stimme aus dem Dunkel. „Was ist Abe?“ fragte Fukui zurück. Auch Takagi konnte man hören. Er war offensichtlich auch noch nicht eingeschlafen.

„Ich kann nicht schlafen. Wie wär's, ich lege eine Partie aus und du versuchst zu raten, wessen Partie es ist?“ schlug Abe vor.

„Okay, vielleicht werden wir auf diese Weise müde.“ sagte Takagi. Das war eine neuartige Idee, wir würden, statt Schafe zu zählen, Go als Schlafmittel verwenden.

Wenn Abe sagte, er wird eine Partie auslegen, dann meinte er natürlich nicht, Brett und Steine zu holen. Auf dem Boden liegend würden wir die Steine auf einem Brett in unseren Köpfen auslegen und uns nur die jeweiligen Koordinaten zurufen, eine nach der anderen. Wenn man Profi wird, dann kommen einem die ersten dreißig bis fünfzig Züge einer Eröffnung wie auf Befehl fast von allein zugeflogen. Also schloss auch ich meine Augen und baute in Gedanken ein Go-Brett vor mir auf.

„Fertig? Schwarz 1, 17-4." hörte man Abes bestimmte Stimme in der Dunkelheit. „Weiß 2, 4-3; Schwarz 3, 3-16; Weiß 4, 16-17 …" So begann unsere bemerkenswerte, mitternächtliche Go-Lektion. Wir wussten nicht, in welcher Ära diese Partie gespielt wurde, noch von wem. Der erste, der sie richtig erraten würde, wäre der Gewinner des Spiels.

Die Geschichte des Go geht Tausende Jahre zurück und Aufzeichnungen von Partien gibt es seit vielen hundert Jahren. Bei dieser unermesslichen Zahl von Partien sollten wir genau die eine richtige herausfinden. War das überhaupt möglich?

„Schwarz 5, 5-17. Weiß 6, 15-3. Schwarz 7, 16-5. Weiß 8, 12-3."

„Ich hab es!"

Die Lösung wurde erstaunlich schnell gefunden. Vielmehr noch, Fukui und Takagi fanden sie gleichzeitig. „Wirklich? Das ging aber unglaublich schnell. Okay, Takagi, du zuerst!" forderte Abe ihn auf.

„Weiß ist Dosaku und Schwarz ist Yamazaki Dosa." antwortete Takagi. „Stimmt. Fukui, dann weißt du bestimmt, wie die Partie ausgegangen ist?" gab Abe die Frage weiter. „Das ist einfach. Jeder weiß doch, dass Weiß mit dreizehn Punkten gewonnen hat!"

„Tut mir leid, das war wohl etwas zu einfach. Dann lasst uns eine neue Partie ausprobieren. Schwarz, 16-4 …" sagte Abe und begann im Dunkel der Nacht ein neues Spiel auszulegen.

Auf diese Weise spielten wir eine ungeheuer breite Auswahl verschiedenster Partien nach. Hatten wir eben noch eine über dreihundert Jahre alte Partie, so kam plötzlich eine, die erst letzte Woche zwischen Fujisawa Shuko und Miyashita gespielt wurde. Dann präsentierte Abe die Partie, in der er überraschend Magari Reiki 8. Dan besiegt hatte. Auch war die Liste der vertretenen Spieler lang, selbst Spieler aus der zweiten Reihe des letzten Jahrhunderts wurden nicht ausgelassen. Gelegentlich tauschten wir einige Kommentare zu den Partien aus. Es war wie ein wunderbarer Spaziergang durch die Jahrhunderte des Go.

Während all dieser Spiele wurden wir jedoch kein bisschen müder. Wir haben ein Schlafmittel zu uns genommen, das sich als Aufputschmittel entpuppte. Ein Spiel folgte dem anderen und die jungen Go-Fanatiker rieten und lösten sie…

Frühestens beim zehnten Zug und spätestens beim zwanzigsten wurde die Lösung gefunden. Und sie war meistens korrekt.

Durch die klare Dunkelheit
Dieser kurzen Nacht
Fliegen die Krähen und Reiher[2].
Shodo

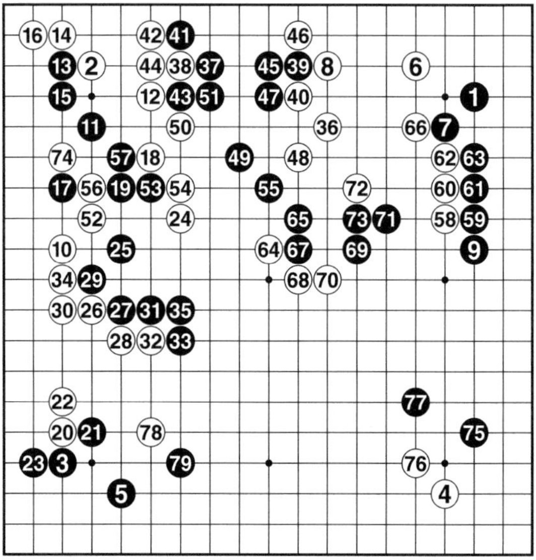

Dies ist eine Partie zwischen Dosaku und Yamazaki Dosa (Schwarz) im dritten Jahr der Tenna-Ära (1683). Sie endete mit einem 13-Punkte-Sieg für Dosaku. Die Züge 7 bis 9 sind etwas altmodisch, aber der tadellose Angriff beginnend mit dem Aufbau einer Art von chinesischer Eröffnung mit Weiß 10 ist meisterhaft. Ein junger, aufstrebender Profi seufzte: „An diese Kunst des Spiels komme ich nie heran!"
(Züge ab 80 weggelassen.)

2 „Krähen und Reiher" ist ein poetischer Name für Go.

Eine phantastische Voraussage

Das erste Wort
Der ersten Zeile –
Die Karte ist nicht mehr da!

Dies ist ein Senryu, ein satirisches Gedicht zum Spiel „Hyakunin Isshu“[3].

Mein Freund Koyama Shizuo 6. Dan hatte alle Qualifikationen für einen Doktorgrad im Fernsehquiz. Er ist überzeugt, dass der Wettstreit zwischen zwei sehr guten Kandidaten nur davon abhängt, wie schnell man den Antwortknopf drücken kann. Noch während man den Fragesteller hört, drückt man den Antwortknopf, sobald man das Gefühl hat, dass man die Frage beantworten kann. Wenn man sich auf diese Weise zuerst das Recht gesichert hat, als Erster zu antworten, fängt man danach an, über die richtige Antwort nachzudenken.

Unsere mitternächtliche Go-Stunde, für die es keine Anzeichen eines baldigen Endes gab, brach durch einen unerwarteten Zwischenfall abrupt ab.

„Schwarz 1, 17-4 …“ Abe hatte gerade wieder eine neue Partie in seiner üblichen Art begonnen, da schrie Takagi „Ich hab es!“.

„Mach keine Witze! Das ist der erste Zug, wie willst du da schon die Partie erkennen?“ protestierte Abe. Das war logisch. Egal was für ein Genie in Takagi steckte, es war unmöglich nur anhand des ersten Zuges zu erkennen, um welche Partie es sich handelt. Das ist Go, nicht Hyakunin Isshu oder irgendein Fernsehquiz! Also versuch uns nicht zu veräppeln!

„Nein, es kam mir ganz plötzlich in den Sinn. Die Partie, die du auslegen willst, ist die zwischen Shuwa und Sanchi, in der Sanchi Schwarz spielt und mit fünf Punkten gewinnt.“ Takagi lachte während er sprach.

Abe war so verblüfft, dass er für einen Moment kein Wort sagen konnte. Takagi musste irgendwie die richtige Antwort gefunden haben. Ich konnte mir vorstellen, wie Abe mit weit aufgerissenen Augen in die tiefdunkle Nacht starrte. Was war das? Ist dieser Takagi ein Mensch oder ein Dämon? Vielleicht eine Reinkarnation von Nostradamus? Ein allwissender, den Körper eines Menschen

3 Ein Kartenspiel, basierend auf einer berühmten Sammlung von 100 Gedichten. Auf jeder Spielkarte steht die zweite Hälfte des Gedichtes. Während ein Spieler das Gedicht vorliest, müssen die anderen Spieler die passende Karte aus den auf dem Tisch ausgelegten Spielkarten finden. Das Gedicht fasst die Überraschung eines talentierten Spielers, der beim Hören des ersten Wortes feststellt, dass die zugehörige Karte schon von einem schnelleren Mitspieler weggeschnappt wurde.

in Besitz nehmender Kobold? Der Leser ist bestimmt genauso überrascht wie Abe selbst.

Das Lachen jungen Götter

„Wie …?“ Wie kannst du das wissen, wollte Abe fragen. Takagi sagte nichts. Man hörte Fukui ein Lachen unterdrücken.

„Was ist so lustig?“

Fukui verriet dem verstörten Abe das Geheimnis: „Du hast es selbst vermasselt, weil du so dusselig geradeaus denkst.“ Jetzt unterdrückte Takagi sein Lachen. „Es ist die Partie auf der nächsten Seite des gleichen Buches, aus dem die vorherige Partie stammt. Es ist gleich die nächste Partie.“

Abe Yoshiteru ist bekannt für seine direkte und geradlinige Art. Am Anfang war er sehr bedacht, stets neue und alte Partien zu mischen, aber seine natürliche Neigung setzte sich irgendwann durch. Vielleicht wurde er doch etwas schläfrig. Nach und nach schienen die Partien einem bestimmten Muster zu folgen und schließlich kamen sie alle aus ein und demselben Buch. Sowohl Takagi als auch Fukui hatten das schon lange bemerkt.

Der spitzbübische Takagi hat, sich auf Abes Naivität verlassend, überlegt, welches die nächste Partie sein müsste und dann seinen Überraschungsangriff gestartet.

„Aha, ich verstehe.“ sagte Abe und stimmte in das Lachen ein. „Ha, ha, ha.“

Das Lachen griff auf alle über. Nun war es kein unterdrücktes, leises Kichern mehr, sondern ein donnerndes Lachen, das uns unkontrolliert auf dem Boden herumrollen ließ und in die Nacht schallte.

Unter jenen, die besonderes viel über klassische und moderne Go-Partien wissen, ist Sugiuchi Masao 9. Dan derjenige, der alle übertrifft und dem man den Spitznamen „Go-Gott“ gegeben hat. Leider entstammen wir einer ganz anderen Generation und sind daher nie Zeuge seiner übermenschlichen Fähigkeiten geworden. Aber waren diese drei jungen Leute nicht auch junge Götter?

Als ich lachte, spürte ich einen kalten Schauer über meinen Rücken gleiten. Was mich schaudern ließ, war das unbändige, schallende Gelächter dieser drei Jungen, ihr dämonisches Lachen, das Frohlocken dieser Götter des Go.

In allem belesen und mit der Gabe, alles im Kopf zu behalten, waren sie für mich eine wirklich beängstigende Vorstellung. Denn in jenem Moment erkannte ich, dass diese Gedächtnisexperten, diese unbeirrbaren und ruhelosen jungen Spieler diejenigen sein werden, mit denen ich mich in der Welt des professionellen Go werde messen müssen.

Damals war ich neunundzwanzig Jahre. Ich kam vom Amateur-Go und nach neun Jahren verbissener Versuche, die Qualifikation für das Oteai-Turnier zu erreichen, erhielt ich schließlich den so lang begehrten Rang eines Shodan. Takagi und Fukui erhielten den Shodan im gleichen Jahr, aber welch enormer Unterschied in den Fähigkeiten trennte uns voneinander! Seit jener Zeit begleitete mich das unauslöschbare Gefühl der Minderwertigkeit. Aber auch das Gefühl des Respekts gegenüber jenen Spielern blieb mir stets erhalten.

Das Gelächter inmitten der Nacht wäre noch weitergegangen, aber das Geräusch heftiger Fußtritte, die sich auf der Treppe näherten, ließ uns die Köpfe senken. Es war Kasamatsu Teruyo, eine Nachtwächterin des Nihon Kiin. Das war natürlich zu erwarten, der Morgen graute und wir lagen da, wie ein paar Mondsüchtige, lachend bis die Kehle schmerzte. Die Schelte von Kasamatsu Teruyo war unausweichlich. Die Frau war der Schrecken aller Kinder, die sich nicht benehmen konnten. Daher verstummten wir umgehend und taten so, als ob wir schliefen. Das war das einzige Tesuji, um unsere Situation zu retten.

Vor der Morgendämmerung
Immer noch hungrig auf neue Träume
Die kleinen Go-Spieler
Shodo

Erinnerungen an Kitani

Kitani Minoru (1909-1975) war einer der größten Go-Spieler des 20. Jahrhunderts. Zusammen mit Go Seigen spielte er eine führende Rolle in der Entwicklung der Go-Theorie, insbesondere durch die Erfindung einer revolutionären, neuen Eröffnungstheorie in den 1930er Jahren. 1938 spielte er die berühmte Partie gegen Honinbo Shusai Meijin, die der Nobelpreisträger Kawabata Yasunari in seiner Novelle „Meijin" verewigt hat. Die heutige Go-Welt hat Kitani viel zu verdanken, denn er trainierte zahlreiche Schüler, aus der eine ganze Riege von Topspielern hervorging. Dieser Aufsatz entstand kurz vor seinem Tod.

Umsichtig und pedantisch

Wenn über Kitani geschrieben wird, dann nennt man ihn stets „Kitani, den Großen". Ursprünglich gab ihm Segoe Kensaku diesen Spitznamen, doch heute nehmen ihn die Autoren und Spieler, um ihren Respekt vor Kitani zu bezeugen.

Es gibt viele Anekdoten über Kitani und es ist viel über ihn geschrieben worden. Sein ganzes Leben war er berühmt und alles was man über ihn wissen muss, ist schon einmal erzählt worden. Trotzdem findet sich hier und da noch die eine oder andere kleine Geschichte, die man hinzufügen kann.

Als Kifu-Schreiber[1] hatte ich etwa zwanzig bis dreißig Mal die Gelegenheit, Kitani ganz nah und aufmerksam während seiner Turnierpartien zu beobachten. Jedes Wort und jede Bewegung konnte ich verfolgen. Neben seiner Größe als Spieler, faszinierte mich die peinliche Genauigkeit und die fast schon nervöse Vorsicht des Menschen Kitani. Kühnheit gepaart mit Vorsicht, das sind häufig die Charakterzüge von talentierten Menschen. Mein Eindruck von Kitani war der eines sehr umsichtigen und pedantischen Menschen.

Kitanis Rechenkünste sind weithin bekannt, so dass es keinen Grund gibt, auf diese hier weiter einzugehen. Während Sakatas Rechenfähigkeit von jener Art ist, die einen verwundern lässt: „Wie kann man nur einen solchen Zug finden?" verführt Kitanis Art des Rechnens zu der Frage: „Wie kann jemand nur soweit vorausrechnen?"

Unter den zahllosen Partien beeindruckte mich die vierte Partie des zweiten Juketsu-Turnieres im Jahr 1957 am meisten. Kitani war der Herausforderer von Sakata, dem damaligen Titelhalter. Die Dramatik des Wettstreites begann gleich zu Beginn der ohne Komi gespielten Best-of-Five-Serie, denn die ersten drei Partien

1 Assistent beim Wettkampf, der die Partiemitschriften anfertigt.

wurden jeweils von Weiß gewonnen. Mit nur einem Sieg gegen zwei Niederlagen nahm Sakata in der vierten Partie die weißen Steine. Eine Niederlage würde das Aus bedeuten – und sein Gegner war Kitani, der Große.

Sakata lehnte sich mit kämpferischer Miene über das Go-Brett und legte sehr sorgfältig, als hinge sein Leben davon ab, seinen ersten, weißen Stein auf Takamoku, den 5-4-Punkt. Selbst heute, wenn ich die ersten Züge dieser Partie nachlege, sehe ich ganz klar den nervösen Ausdruck des in die Ecke gedrängten Sakata. Es war das erste Mal, dass ich die flammende und ungestüme Persönlichkeit eines Top-Profis zu bewundern lernte.

Kitani dagegen war überraschend gefasst. Er zeigte keinerlei Anzeichen, dass er einen besonders eleganten Plan ausheckte, um seinen Gegner in die Falle zu locken. Stattdessen wirkte er sehr zufrieden, dass sein jüngerer Gegner in der Lage war, ernsthaftes Go zu spielen.

Plötzliche Stille im Raum

Das Problem entstand mit Schwarz 77. Diesen Zug spielend wusste Kitani bereits, dass er bei dem Yose-ko (Annäherungs-Ko), das nach siebenunddreißig weiteren Zügen entstehen würde,

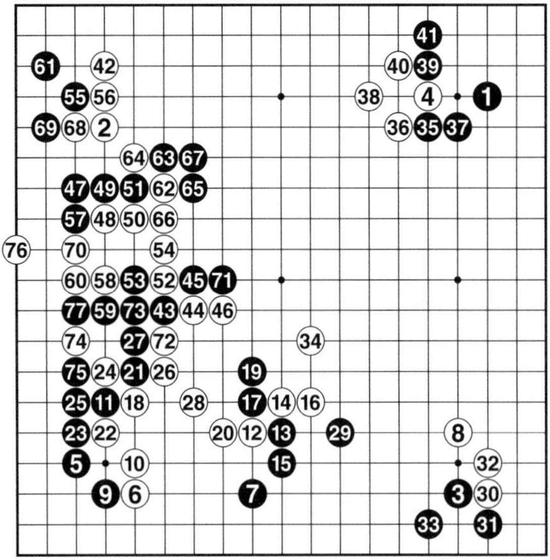

Abbildung 1 (1-77)
Schwarz: Kitani, Weiß: Sakata

über mehr Ko-Drohungen verfügen wird als sein Gegner. Somit entschied er sich für Schwarz 77 und das Ko. Doch Sakata antwortete nicht so, wie Kitani es sich gewünscht hätte und die Variante erschien nie auf dem Go-Brett. Die Züge Schwarz 73, 75 und 77 sind in ihrer Abfolge erzwungen, so dass die Vermutung nahe liegt, dass Kitani das Ko schon viel eher vorausgesehen hatte.

Nach dem Ende der Partie begann die Nachbesprechung. Einer der Spielbeobachter fragte die beiden Gegner: „Was wäre passiert, wenn Weiß statt des Anlegens (78 in Abb. 3), das Hane (Umbiegen) unten herum gespielt hätte (Weiß 2 in Abb. 2)?“ Alle Anwesenden nickten, sie hielten dies für eine ebenso berechtigte wie natürliche Frage.

„Ah, ja.“ seufzte Kitani. „Ich hatte mir den Zug auch angesehen, aber es sieht wie ein Yose-ko aus.“ Kitanis Worte machten alle sprachlos. Was für ein Yose-ko? Und wo? Niemand hatte nur den Hauch einer Idee. Schweigend legte Kitani die Variante in Abbildung 2 auf das Brett. „Ich dachte, hier wäre ein Yose-ko.“

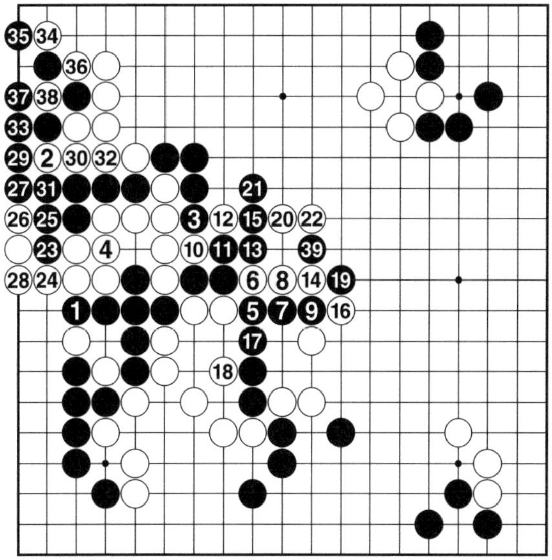

Abbildung 2

„Eh!“ stöhnte Sakata leise. Takagawa und Yamabe, die die halbe Nacht die Partie verfolgt hatten, schauten sich sprachlos an. Auch die anderen jungen und selbstüberzeugten Spieler, die sich um das Brett versammelt hatten, schluckten. Obwohl sich gut zwanzig Menschen in dem Raum befanden, war es totenstill.

„Dieses Annäherungs-Ko sieht nicht gut aus für Schwarz, aber ich habe ausreichend Ko-Drohungen. Wenn ich die drei Steine im Zentrum schlage, dann ist dies eine starke Position und ich kann die Ecke dafür hergeben."

Kitanis klare Stimme, die Ruhe, mit der sie die Sequenz erklärte, schien mir wie die Stimme des Go-Heiligen Honinbo Dosaku oder wie eine Stimme des Himmels. Abgesehen von der Sequenz als solcher, gab es in der Abfolge so geniale Züge wie Weiß 4 und Schwarz 23. Allein sie zu finden, stellte schon eine Schwierigkeit für sich dar.

„Wenn keiner von uns so weit rechnen kann, dann sollten wir besser das Spielen sein lassen." sagte Tagakawa, nachdem er seine Worte wiedergefunden hatte. Es ist nicht so, dass Takagawa nicht an das spielerische Niveau eines Kitanis herankäme. Takagawa, der sich zu jener Zeit den Titel des Honinbo bereits zum fünften Mal in Folge erkämpft hatte, hat sein eigenes Go, seinen eigenen Stil zu spielen und eine ihm eigene Art der Balance und akkuraten Einschätzung der Gesamtposition. Seine Worte machten jedoch klar, dass Kitanis Fähigkeit des Vorausrechnens absolut unübertroffen ist.

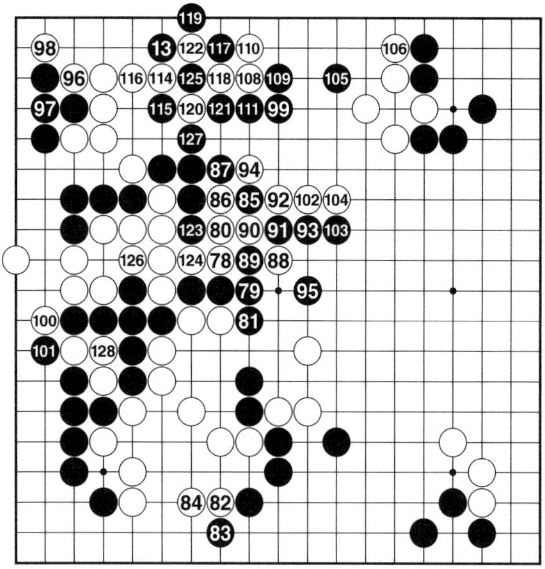

Abbildung 3 (18-128)
122: Ko; 125: Ko (Züge ab 129 weggelassen. Weiß gibt auf.)

Der Plan für das Jahr
Bereits ausgelegt –
Als Traum im Frühjahr.
Shodo

Die Muscheln sind schwer

Ein Tag für neun Steine

Seltsames geschah in der Partie, die am Morgen des 6. April 1960 begann.

Es war die erste Runde des achten Oza-Turnieres. In einem angemieteten Saal des Chiyoda-kan Hotels standen zwei Go-Tische nebeneinander. Am ersten Tisch spielten Fujisawa Hosai und Tainaka Shin. Dreißig Züge hatten Fujisawa und Tainaka bereits auf das Brett gelegt und, obwohl das Spiel langsam voranschritt, konnte man doch anhand des Geräusches der nach und nach gesetzten Steine hören, dass hier eine Partie im Gange war.

Ungewöhnlich war jedoch, was sich auf dem Brett von Hashimoto Shoji und Kajiwara Takeo, die sich am zweiten Go-Tisch gegenüber saßen, abspielte. Oder nicht abspielte. Denn nach neun Stunden, die seit Beginn der Partie vergangen waren, lagen nur fünf schwarze und vier weiße Steine auf dem Brett.

Mir, Nakayama Noriyuki, war die Aufgabe zugekommen, die Partie aufzuzeichnen. Neben mir saß Kurumi Masaki, der als

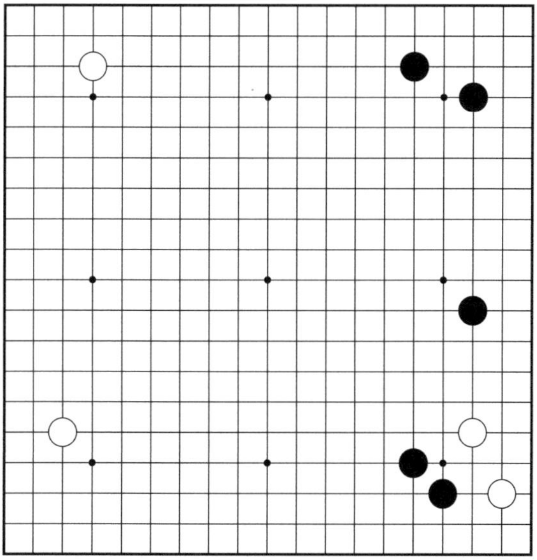

Abbildung 1

Reporter für seine Zeitung einen Kommentar über die Partie verfassen sollte. Er war gekommen, um sich einige Notizen vom Spielverlauf zu machen. Seinen Notizblock hatte er aber längst beiseite gelegt.

Was haben die Spieler seit dem Morgen gemacht?, möchte man sich fragen. Ohne nur ein einziges Wort zu sprechen oder auch nur zu murmeln, haben sie seit dem Morgen still auf das Brett gestarrt. Schweiß rann von ihrer Stirn über die Augenbrauen und tropfte gelegentlich herab. Worüber, um Himmels Willen, konnten die beiden so lange nachdenken? Was war hier los?

Der junge Genius Hashimoto Shoji war weithin bekannt. Schon als Zwölfjähriger trat er in den Stand der Profis ein und erhielt im Alter von fünfundzwanzig Jahren den Rang eines 9. Dan des Kansai Kiin, was einen neuen Rekord darstellte. Im letzten Jahr hatte er neben zahlreichen anderen Erfolgen auch den Titel des Oza gewonnen[1].

Das Talent von Kajiwara Takeo, 7. Dan des Nihon Kiin, wurde ebenfalls viel gepriesen seit er im Alter von vierzehn Jahren Profi wurde. Jetzt war er siebenundreißig und man rühmte seine Gabe und sein Verständnis von taktischen Manövern. „Mein Gegner ist nicht der Mitspieler auf der anderen Seite des Brettes. Mein Gegner sind die Steine auf dem Brett." pflegte Kajiwara ohne viel Rücksicht auf die Befindlichkeiten seiner Gegner nehmend zu sagen.

Kajiwara war ein Romantiker des Go. „Ich spiele nicht um zu gewinnen. Ich spiele Go." war seine tiefe Überzeugung und weder das Gewinnen noch das Verlieren hatten eine besondere Bedeutung für die Suche nach der Wahrheit auf dem Go-Brett. Dieser Überzeugung stets und treu folgend, kam es hin und wieder vor, dass er die eine oder andere Partie verlor, die eigentlich schon sicher gewonnen war. Vermutlich hat er daher nie einen größeren Titel errungen.

Hashimoto ist heute bekannt für seinen verschwenderischen Umgang mit Bedenkzeit während der Eröffnung. Einen großen, wenn nicht gar den größten Teil seiner Bedenkzeit genehmigt er sich für die ersten, wenigen Züge in der Eröffnung. Zum Beispiel eine Stunde für Schwarz 1, eine Stunde für Schwarz 3 und zwei Stunden für Schwarz 5. Diese unnormale Verschwendung seiner Zeitreserven begann zur Zeit jener Partie. Selbst Kajiwara musste darüber erstaunt gewesen sein.

1 Bis zum 16. Oza-Turnier verteidigte der Titelträger seinen Titel nicht gegen einen Herausforderer, sondern musste sich wieder – zusammen mit den anderen Spielern – durch die Vorrunden kämpfen.

Meine Arbeit, die im Aufzeichnen der Züge der Partie von Hashimoto und Kajiwara bestand, war mit dem Niederschreiben von neun Zahlen getan. Daher verbrachte ich den Tag damit, in die Gesichter der Spieler zu schauen – halb voller Befremden und halb voller Bewunderung. Schließlich habe ich meinen Stift genommen und diese kleine Geschichte geschrieben, weil ich den Drang verspürte, der Psychologie der beiden Spieler während dieser Eröffnung auf den Grund zu gehen.

In jenem Jahr war es noch nicht lange her, dass der Kansai Kiin seine Unabhängigkeit vom Niihon Kiin durchgesetzt hatte[2] und die bittere Rivalität zwischen den beiden Vereinen unvermindert anhielt. Im Herbst 1960, nur um ein Beispiel zu geben, wurde Rin Kaiho, der neue aufsteigende Stern am Go-Himmel, zum 6. Dan promoviert. Um dieses Ereignis entsprechend zu zelebrieren, organisierte die Zeitschrift „Igo Club" des Nihon Kiin einen Wettkampf aus drei Partien mit Hashimoto Shoji.

Der Wettstreit war eines der erfolgreichsten und zuschauerreichsten Ereignisse in Japan und zeigte, wie ungewöhnlich es war, dass Spieler aus dem Osten und dem Westen des Landes zusammentrafen. Es war immer garantiert, dass wenn die Spieler in den großen, von Zeitungen gesponserten Turnieren aufeinander trafen, sie alles Menschenmögliche und Unmögliche gaben, um die Ehre ihres Go-Verbandes zu verteidigen.

Es ist anzunehmen, dass aufgrund der Spannungen zwischen den Verbänden Rücksicht auf Hashimoto und Tainaka genommen werden sollte, indem die ersten Partien des achten Oza nicht wie üblich im Nihon Kiin, sondern im Chiyoda-kan Hotel angesetzt wurden.

„Ich mag ihn!"

Es war neun Uhr. Aber Hashimoto Shoji, der die schwarzen Steine führte, machte keine Anstalten, einen Stein auf das Brett zu setzen.

Worüber mochte er nachdenken? Ich versuchte es mir vorzustellen. Betrachtete man das leere Brett, so gab es da nichts, was einem Go-Spieler, selbst einem Genie wie Hashimoto Shoji, Grund für eine tiefgreifende Analyse gab. Konnte es sein, dass er eine volle Stunde brauchte, um in die richtige Stimmung zu kommen oder das Feuer des Kampfgeistes in ihm zu entzünden?

2 Der Kansai Kiin war die westliche Untervereinigung des Nihon Kiin mit Hauptsitz in Osaka, aber 1950 trennte er sich vom Nihon Kiin und erklärte sich als unabhängige Organisation.

Die Spatzen schienen aufgeschreckt, als er den ersten Stein mit heftiger Entschlossenheit auf das Brett donnerte.

Kajiwara antworte ohne lange Verzögerung. Mit einer ganz leichten Berührung platzierte er seinen Stein. Ich kann mich erinnern, dass er hierfür keine fünf Minuten verbrauchte.

Und wieder fiel Hashimoto in tiefes Nachdenken. Bei einer späteren Gelegenheit begründete er seinen übermäßiger Zeitbedarf mit dem Umstand, dass er Spaß daran habe, alle möglichen Fuseki-Strategien in seinem Kopf durchzuspielen. Immerhin kann ein Stein, der einmal auf das Brett gesetzt wurde, nicht mehr zurückgenommen werden.

Aber wenn er Spaß und Vergnügen daran findet, warum trägt er dann diesen unsäglichen Ausdruck des Leidens im Gesicht? Schweißperlen liefen unablässig über das Gesicht und tropften der Schwerkraft folgend auf das nahezu leere Brett. Es schien, als wenn er mitten in seinem Vergnügen doch einen ehrgeizigen Plan suchte, die Partie in eine ihm genehme Richtung zu lenken.

Allmählich übertrug sich die steigende Anspannung auch auf Kajiwara, dem der junge aufstrebende Spieler des Kansai Kiin ein würdiger Gegner sein musste. Dessen Herausforderung war von einem stillen und unheimlichen Kampfgeist begleitet.

„Ich mag ihn!“ schien das Gesicht von Kajiwara zu sagen. „Gut, lass uns dieses Match Stück für Stück angehen.“

Zweifellos musste Kajiwara, während er auf Zug Nummer drei wartete, große Hoffnungen auf diese Partie hegen. Und als dieser schließlich auf das Brett gelegt war, da versank Kajiwara ebenfalls in tiefes Nachdenken, als wolle er Gleiches mit Gleichem vergelten und eine ebenbürtige Antwort auf den dritten Stein finden. Das gleichmäßige Atmen der zwei Spieler füllte den Raum und kündigte einen unvergleichlichen Wettstreit an. Still und unbeweglich verharrten die beiden Kämpfer auf ihren Plätzen, unsichtbar und lautlos fochten sie das Duell in ihren Köpfen. Jeder länger für einen weiteren Zug brauchend – wie zwei Kinder, die sehen wollen, wer den Atem länger anhalten könne.

„Ach, die Muscheln sind heute schwer!“

Kurz vor sechs Uhr abends hob plötzlich Kajiwara, der lange genug auf das Brett gestarrt hatte, um eine Loch hineinzubohren, den Kopf und schaute hinaus auf die Landschaft, die langsam in der Abenddämmerung verschwand. Sein Gesicht zeigte Zeichen erheblicher Erschöpfung.

Die Stimme des Assistenten zerschnitt die Stille: „Die Zeit ist um. Kajiwara Sensei, bitte versiegeln Sie den nächsten Zug!“

Kajiwara zeigte durch ein tiefes Nicken seine Zustimmung an, dann schaute er zurück auf das Brett. Plötzlich sagte er mit zittriger Stimme: „Wie bitte? Der nächste Zug ist der versiegelte Zug?“ Seinen Augen waren wieder auf das Go-Brett fixiert. In seiner vollen Konzentration auf das Brett, hatte er nur die Hälfte der an ihn gerichteten Aufforderung vernommen.

„Ja, der nächste Zug ist der versiegelte Zug.“ wiederholte der Assistent langsam und deutlich, jede einzelne Silbe betonend.

Kajiwara schien schließlich verstanden zu haben, dass der nächste Zug der versiegelte Zug sein würde. Er ließ einen langen Seufzer hören. „Oh? Der versiegelte Zug?“ Nach einer Weile seufzte er wieder und murmelte: „Ich bin völlig ermattet.“

Obwohl Tainaka in seine eigene Partie vertieft war, hatte er Kajiwaras leise Worte gehört. Er schaute herüber auf das Brett seiner Nachbarn und sagte sarkastisch: „Warum? Du hast doch nur vier Steine gesetzt!“

Kajiwaras Antwort waren ein Meisterwerk. Immer noch auf das Brett starrend, und mit einem Ausdruck völliger Erschöpfung murmelte er: „Die Muscheln sind heute schwer.“

Ich schaute in die Gesichter der vier Spieler. Sie waren von ihren eigenen Partien gefangen genommen und zeigten keine einzige Reaktion. Ihre Konzentration war vollkommen. Sie hörten, ohne richtig zu hören, sie sprachen, ohne wahrzunehmen, dass sie sprachen.

„Die Muscheln sind heute schwer.“

Diese Worte waren feinsinnig und viel bedeutend. In diesem Moment war Kajiwara ein wahrer Poet. Und nur ich, der Assistent, der die Partie aufzeichnete, konnte seine Worte hören.

Ich möchte meine Leser bitten, einen genauen Blick auf die Abbildung 2 (folgende Seite) zu werfen. Jemand sitzt vor einer solchen Brettstellung und spricht diese einzigartigen Worte – das ist wie ein Bild von einem anderen Planeten.

An diesem Tag waren Hashimoto Shojis Schiefersteine schwer, aber Kajiwara Takeos Muschelsteine waren noch schwerer – es verging ein ganzer Tag und es wurden nur neun Steine auf das Brett gesetzt.

Ein langer Tag
Dahingegangen mit dem Wägen
Des Gewichtes der Muschelsteine.
Shodo

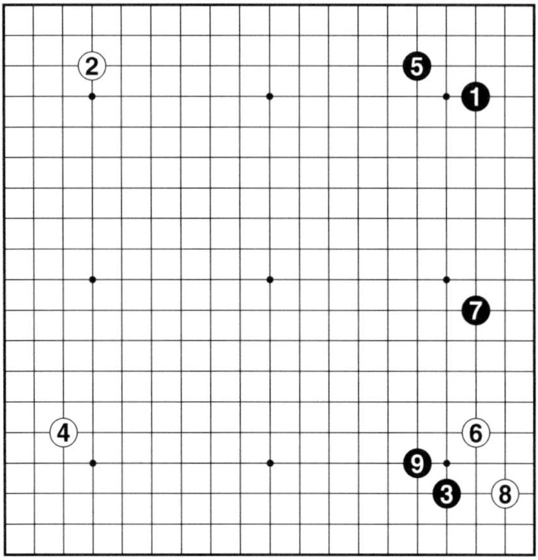

Abbildung 2

Nachdem Kajiwara den letzten Zug versiegelte hatte, schauten sich die beiden Spieler an und lächelten.

„Schau, da sind neun Steine auf dem Brett. Wie weit sind wir mit diesem Spiel gekommen?“ So verstehe ich ihr Lächeln.

Diese Szene spielte sich vor über fünfzehn Jahren ab, aber sie ist mir bis heute frisch und lebendig in Erinnerung.

Der Schüler des Neujahrsabends

Profi-Anwärter

In der Welt des professionellen Go gibt es etwa dreihundert Spieler, angefangen von Ishida Yoshio, Honinbo und Meijin, an ihrer Spitze bis hin zu den Kindern, die gerade erst die Profi-Prüfung bestanden haben. Es gibt sicher auch einige Amateure höheren Dan-Ranges, die – wohlwissend, dass das Können und die Fähigkeiten eines Ishida Yoshio weit jenseits ihrer Möglichkeiten liegen – bei einem Blick auf professionelle Go-Partien dennoch den Gedanken hegen, dass sie eine ganz gute Chance gegen einen jungen Shodan hätten. Diese Amateure verspüren vielleicht den Wunsch, sich selbst einmal in dem Turnier zur Profi-Prüfung zu probieren.

Dies ist die Geschichte eines solchen Amateurs, selbst eingestuft als 2. Amateur-Dan, der, völlig ungeachtet seiner realen Stärke, die Herausforderung annahm, die Profi-Prüfung anzugehen. Ich möchte es nicht zurückzuhalten, es ist meine Geschichte.

Die Geschichte beginnt 1953, nicht lange nachdem ich Go erlernt hatte. Ich war völlig hingerissen von dem Spiel. Meine Stärke entsprach vielleicht drei bis vier Steinen gegen einen Top-Profi.

Es war ein heißer Sommertag. Ich spielte im Finale der A-Klasse der Bezirksmeisterschaften vom Nakano-Bezirk in Tokio. Mein Gegner war Takahashi Yoshimitsu, einer der besten Amateur-Spieler unter den Universitätsstudenten. Takahashi von der Meiji-Universität und Go Kann, der ältere Bruder von Go Seigen, von der Waseda-Universität galten einst als die beiden besten Spieler an den Universitäten – aber davon hatte ich nicht den leisesten Schimmer. Ich fand nur, dass diese Partie eine ungeheuer lange Zeit in Anspruch nahm.

Takahashi war 5. Amateur-Dan. Ich nannte mich 2. Amateur-Dan. Ich spielte eine Vorgabe von abwechselnd Schwarz und zwei Steinen. In dieser Partie hatte ich Schwarz und die Position sah sehr gut für mich aus. Die Gewinner der B-Klasse waren bereits gegen sechs Uhr abends ermittelt worden, allein unsere Partie war noch nicht zu einem Ende gekommen. Takahashi war tief in Gedanken versunken, wie ein zweiter Hashimoto Shoji, und wollte nicht setzen. Es war bereits kurz vor zehn Uhr in der

Nacht, als er endlich seinen nächsten Stein auf das Brett setzte. Erschöpft vom langen Warten antwortete ich sofort. Aber mein Zug war ziemlich fragwürdig und plötzlich war die Partie wieder offen.

In diesem Moment kamen die Turnierorganisatoren mit den Schiedsrichtern, Hayashi Yutaro 7. Dan und Suzuki Goro 5. Dan, und entschieden, dass die Partie abgebrochen und ein Sieger per Entscheidung herbeigeführt wird. Ich war zuversichtlich auf Grund meiner Brettposition. Nach einer längeren Diskussion entschieden die Schiedsrichter jedoch zu Gunsten von Weiß, mit der Begründung, dass zwar keiner von uns eindeutig vorn läge, dass Weiß aber den Vorteil des ersten Zuges von Schwarz bereits kompensiert hätte.

Ich war unglücklich, die Entscheidung erschien so ungerecht. Natürlich ist sie leicht nachzuvollziehen, wenn man bedenkt, dass die beiden Profis Takahashi noch aus ihrer eigenen Zeit an der Universität kannten – ich hingegen war ein unbekannter Niemand!

In diesem Turnier gewann ich einen neuen Freund, Yamanushi Kiyoshi, Dozent an der Kokugakuin-Universität. Er hatte die Partie von Anfang bis Ende verfolgt und fand – warum auch immer – Gefallen an meinem Spiel. Er sagte, er würde gern eine Partie mit Suzuki Goro für mich arrangieren, der zusammen mit seiner Frau Schüler in ihrem Haus unterrichtete. Yamanushi war zu jener Zeit einer dieser Inseis.

Als der Tag kam, legte ich drei Steine auf das Brett und verbeugte mich. Es war meine erste Partie mit einem Profi. Wie in Trance griff ich an und es gelang mir, mit einer Attacke einen Keil zwischen drei weiße Gruppen zu treiben. Alle drei Gruppen wurden geschickt gerettet, aber als am Ende ausgezählt wurde, hatte Schwarz einen Vorsprung von neunzehn Punkten.

Nach diesem Spiel schien der Sensei Einiges von mir zu halten. Er fragte nach meinem Alter und schlug mir vor, am nächsten Qualifikationsturnier für die Teilnahme am Oteai des Nihon Kiin teilzunehmen.

Die Profi-Prüfung

Das Qualifikationsturnier für die Teilnahme am Einstufungsturnier des Nihon Kiin, dem Oteai, kann man vereinfacht als „Profi-Prüfung" bezeichnen. Ein eingebildeter Amateur, der erst einige Tage zuvor daran gescheitert war, den ersten Platz in den

Bezirksmeisterschaften des Nakano-Bezirkes zu erringen, versuchte nun, als provisorischer Shodan durch das Tor von Ruhm und Ehre in der Go-Welt zu gelangen. Wenn ich zurückschaue, scheint mir dies der größte Unsinn gewesen zu sein.

Ich ignorierte völlig, welche Spielstärke ich tatsächlich spielte. Den Inseis, den Profi-Schülern, musste ich wie ein törichter Don Quijote vorkommen.

Im Januar 1954, kaum wissend wo ich war oder was ich tat, trat ich also in das Gebäude des Nihon Kiin in Takanawa und setzte mich an das Brett gegenüber von Oeda Yusuke 1. Dan. Es war die erste Partie des Turniers.

Oeda Yusuke, ebenfalls provisorischer Shodan (heute 8. Dan), war ein talentierter Spieler, der gemeinsam mit Sakamaki Kosuke diese Prüfung mit dem guten Ergebnis von acht Siegen zu zwei Niederlagen gewann. Auch seine Ergebnisse nach dem Eintritt in die Profi-Welt waren nicht unbeachtlich. Er startete im Oteai mit sechs aufeinanderfolgenden Siegen und wurde prompt zum 2. Dan promoviert. Bei all diesem Talent war er erst siebzehn Jahre alt! Objektiv betrachtet war er der Meister eines Handwerks und ich ein einfacher Geselle.

Und doch kann es hin und wieder vorkommen, dass bei dem ersten Zusammentreffen zweier Spieler seltsame Dinge geschehen. Oeda Yusuke konnte einfach nicht wissen, wie schwach dieser Nakayama tatsächlich war. Während er noch damit beschäftigt war, herauszufinden, welch seltsamen Stil ich spielte, konnte ich einen echten K.o.-Schlag landen und zwang ihn zu einer frühen Aufgabe. Die anderen vier Partien dieses Tages waren derweil erst im Stadium des Mittelspiels angekommen.

Ohne noch einen Blick auf den unglückseligen Oeda zu werfen, der mit einem Ausdruck von bitterer Kränkung davon stürmte, trottete ich zu den verbleibenden Partien hinüber. Mit dem glücklichen Lächeln eines Siegers beobachtete ich die Partien der Inseis. Ich wollte etwas über die Stärke meiner Gegner der nächsten Tage erfahren.

Als der Tag sich dem Ende neigte, endete eine Partie nach der anderen und die anschließenden Spielanalysen begannen. Während ich den Analysen der Inseis zuhörte, schwand meine Zuversicht. Ich war erstaunt über die Tiefe des Rechnens und die klare Wahrnehmung der Inseis, die jedes Manöver ihres Gegners im Vorhinein erkannten und entsprechende Gegenmaßnahmen bereit hielten oder bereits mit vorbeugenden Zügen abwehrten. Jeder Zug war wohl durchdacht. Mehr und mehr zeigte sich, dass mein Sieg gegen Oeda ein reiner Glückstreffer war.

Der vierzehnjährige Tanimiya kam schließlich auf mich zu und fragte: „Nakayama Sensei, würde es Ihnen etwas ausmachen, mir Ihre Partie zu zeigen?“ Ich zögerte, aber die Inseis bestanden darauf. In ganz unpassender, übertriebener Art sagte einer: „Wir wären sehr erfreut, das Meisterwerk zu sehen.“

Ich akzeptierte mein Schicksal. Mein Go war nach allem, was ich gesehen hatte, deutlich schwächer. Warum sollten sie nicht meine Fehler aufzeigen und mir helfen, mein Spiel zu verbessern?

So versammelten sich Sakamaki Kosuke, Amano Masafumi, Narumi Naoshi, Homma Akio, Miyazaki Hiroshi sowie auch die anderen provisorischen Shodans um meine Partie.

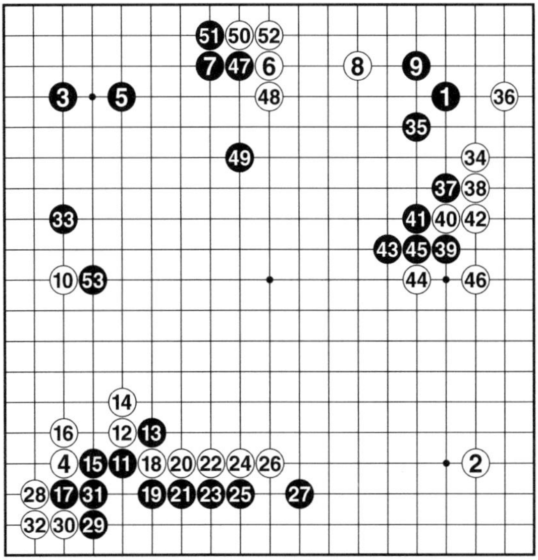

Qualifikationsturnier des Nihon Kiin, Januar 1954
Weiß: Oeda Yusuke, Schwarz: Nakayama, 4,5 Komi
Schwarz 35 und 47 sind exzentrische Züge. Sie sorgten für einige Belustigung bei den Inseis, aber sie sind nicht notwendigerweise schlecht. Bis 53 verfolgt Schwarz eine konsistente Strategie, die Partie ist ausgeglichen und spielbar.

Gigantische Kaulquappen

Die Inseis des Nihon Kiin sind die Go-Profis der Zukunft! Ihre Spielstärke reicht vom 25. Kyu bis 1. Kyu. Die Spieler, die an diesem Qualifikationsturnier teilnahmen, waren alle zwischen 1. und 3. Kyu. Das Beispiel von Oeda zeigt, dass diese Inseis bereits die tatsächliche Stärke von Profis haben können.

Mit großer Neugier scharten sich die Inseis um die Partie des Amateurs, der so viel älter war als sie selbst. Wie gut ist der Fremde, der ihren Star Oeda außer Gefecht gesetzt hatte? Aber schon nach wenigen Minuten wandelte sich ihre Neugier in pure Enttäuschung und Erleichterung. Dieser Amateur war keine Gefahr für sie. Sein Spiel basierte auf roher Gewalt und hatte keinen Stil. Überhaupt musste man sich wundern, woher er die Nerven nahm, am Qualifikationsturnier teilzunehmen.

Dann folgte ihre gnadenlose Kritik. Die Kommentare waren erbarmungslos, sie ließen nichts aus. Ich konnte kein einziges Wort der Verteidigung finden. Mit einem erzwungenen Lächeln saß ich da, hörte zu und nickte mit dem Kopf. Obwohl es lange her ist, klingen mir Ihre Worte noch heute im Ohr.

Ende Februar endete das Turnier und die Ergebnisse lauteten:

1. Oeda Yusuke: 8 Siege, 2 Niederlagen (heute 8. Dan)
1. Sakamaki Kosuke: 8 Siege, 2 Niederlagen (heute 3. Dan)
3. Narumi Naoshi: 7 Siege, 3 Niederlagen (16.Amateur-Honinbo)
3. Miyazaki Hiroshi: 7 Siege, 3 Niederlagen (heute 5. Dan)
3. Homma Akio: 7 Siege, 3 Niederlagen (heute 5. Dan)
6. Amano Masafumi: 6 Siege, 4 Niederlagen (heute 3. Dan)
7. Kitamura Hiroshi: 5 Siege, 5 Niederlagen (heute 6. Dan)
8. Tanimiya Teiji: 3 Siege, 7 Niederlagen (heute 7. Dan)
8. Nakayama Noriyuki: 3 Siege, 7 Niederlagen
10. Makino Hideko: 1 Siege, 9 Niederlagen (heute 2. Dan)
11. Toriki Hisashi: 10 Niederlagen (heute 3. Dan, Profi-Lehrer)

Die beiden Sieger gewannen den Profistatus, während die drei auf dem dritten Platz auf einen neuen, glücklicheren Versuch im nächsten Jahr hoffen konnten. Die beiden Letzten waren wie ich Quereinsteiger. Am Ende gewann ich keine Partie gegen die Inseis, bis auf die glückliche Erste gegen Oeda.

Nach dem Turnier ging ich zu Suzuki Goro, um meinen Bericht abzuliefern. „Meine Ergebnisse sind schrecklich. Ich habe keine Entschuldigung." verbeugte ich mich. Da lachte Suzuki.

„Du warst nicht so schlecht, immerhin hast du nicht alle Partien verloren." Er war sich ganz sicher gewesen, dass ich die Prüfung nicht bestehen würde. Er hat mich genommen, wie einen Frosch, der denkt, er sei der König in seinem Teich, und mich in eine riesige Menge gigantischer Kaulquappen geworfen.

Ob ein edler Herr aus dir wird,
Das mag die Erziehung entscheiden,
Kleine Kaulquappe.

Die Lehrpartie, die zwei Jahre dauerte

Dies war der Beginn meiner langen Geschichte von Versuchen, das Qualifikationsturnier zu durchlaufen. Jedes Jahr, zu Neujahr, kam die Zeit, mich auf ein Neues auf die Probe zu stellen.

Homma Akio, Amano Masafumi, Kitamura Hiroshi, Kudo Norio, Tanimiya Teiji und Sakaguchi Tadao wurden allesamt im folgenden Jahr (1955) Profis. In der letzten Runde besiegte ich Tanimiya Teiji. Ich werde nie vergessen, wie eine kleine Träne aus seinem Auge rann und auf das Go-Brett tropfte, bevor er seine Aufgabe gestand. Er hatte nur zehn Siege zu fünf Niederlagen vorzuweisen und musste befürchtet haben, dass das nicht mehr reichen würde, um durchzukommen.

1956 erreichten Tozawa Akinobu, Kitani Reiko, Otake Hideo, Hanadachi Masaaki und Honda Teruko ihr Ziel. Der junge Tozawa gewann im Alter von fünfzehn Jahren alle fünfzehn Partien. 1957 folgten Sanno Hirotaka und Shirae Haruhiko. Es sah so aus, als wenn der Tag nie kommen würde, an dem ich sagen könnte „Ich habe es geschafft.“.

Im Alter von vierzehn, fünfzehn Jahren macht die Stärke eines Go-Spielers die größten Fortschritte. Ein Junge, von dem man ein Jahr zuvor noch nie etwas gehört hatte, tauchte plötzlich als 2. oder 3. Kyu auf und – das war zum Verzweifeln! – nahm die Prüfung im ersten Anlauf. Meine Spielstärke würde sicher mit jedem Jahr hinzugewinnen, doch sie würde nie mit der rasenden Leistungssteigerung dieser jungen Genies mithalten. Mit jedem Jahr schien die Lage aussichtsloser.

Am 31. Dezember 1959 half ich Suzuki Sensei in seinem Haus bei einigen Manuskripten, an denen er gerade arbeitete. Suzuki war einer jener wenigen Profis, die wirklich tüchtig und kompetent schrieben. Ein riesiger Berg Arbeit hatte sich angehäuft, der bis zum Jahresende fertig werden sollte. So kam es, dass ich für zwei Tage vorbei kam, um ihm behilflich zu sein.

Die letzten Arbeiten waren gegen acht Uhr abends erledigt. Ich wartete auf den richtigen Moment, um mich zu verabschieden, als Suzuki sagte: „Nun, dieses Jahr haben wir nichts mehr zu tun. Wollen wir nicht noch eine Partie spielen?“

Ich war erstaunt. Ich wollte sagen „Heute ist Silvester. Wenn wir jetzt eine Partie beginnen, dann würde sie in das neue Jahr hineingehen.“ Aber die Worte kamen mir nicht über die Lippen. Meinem Lehrer war es ernst. Seine Frau Tsuna lächelte.

In einem gewöhnlichen Haushalt am Silvesterabend eine Partie Go zu spielen, und erst recht die ganze Nacht lang, würde man normalerweise als komplett verrückt bezeichnen. Die Frau des Hauses hätte ganz sicher ihre Einwände. Auch in einem Haus von Go-Spielern war dies eher ungewöhnlich.

Um neun Uhr hatte sich Suzuki Goro 6. Dan mit dem Rücken zum Alkoven vor dem Go-Tisch niedergelassen. Ihn umgab eine Aura unerreichbarer Würde. Ihm gegenüber saß ich, Nakayama Noriyuki, kein Dan und ohne irgendeinen Hauch von Würde. Neben uns würde Suzuki Tsuna 3. Dan sitzen und ihre Zeit mit Zuschauen und Tee eingießen verschwenden.

Die Tradition bringt es mit sich, dass ein Go-Schüler nur zwei Mal in seinem Leben mit seinem Lehrer eine Partie spielt. Einmal, nachdem er formal als Schüler angenommen wurde und das zweite Mal, wenn er selbst Profi geworden ist. Gelegentlich gibt es noch eine andere Möglichkeit, wenn der Zeitpunkt gekommen ist, zu sagen: „Junge, es gibt keine Hoffnung für dich. Geh wieder nach Hause. Du wirst kein Profi. Diese Partie ist dein Abschiedsgeschenk."

Ich hatte es in all den Jahren nicht geschafft, Profi zu werden. Folglich, sollte diese Partie in Erinnerung daran gespielt werden, dass ich als Suzukis Schüler angenommen wurde. Es ist möglich, dass Suzuki nicht entgangen ist, wie hart ich gelernt habe und er wollte mir Mut zusprechen. Von daher betrachte ich nicht 1953, sondern diesen Tag als jenen Tag, an dem ich formal sein Schüler wurde. Ich machte eine Verbeugung und fragte, wie viele Steine ich nehmen solle. Ich wollte wissen, ob es zwei oder drei Steine seien.

Ich erinnerte mich an einen Vorfall aus dem Jahr 1956, als Kitani Minorus Schüler Tozawa die Profi-Prüfung bestanden hatte. Um ihm Glück für seinen weiteren Lebensweg zu wünschen, hatte Kitani Suzuki Goro, der wie Tozawa aus der gleichen Gegend der Insel Hokkaido stammte, gebeten, eine Erinnerungspartie zu spielen. Als Vorgabe wurde zwei Steine auf das Brett gelegt und Tozawa gewann bei knappen zwei Punkten. Diese Partie machte mir die Ehrfurcht gebietende Stärke eines erfahrenen Profis deutlich.

Daher überraschte mich die Antwort meines Lehrers. „Nimm Schwarz." hatte er gesagt. Wo bin ich hier hineingeraten? Ich würde keine hundert Züge überstehen! Aber unbeholfen und patschig zu verlieren, das wäre sehr undankbar gegenüber der Güte Suzukis, mit mir diese Partie zu spielen. Die Partie gewinnen war fern jeder Realität, aber ich wollte ihm zumindest einen ordentlichen Schlag versetzen. So konzentrierte ich all meine Energie auf dieses eine Vorhaben.

Vier Uhr morgens, das Neue Jahr war bereits angebrochen, schien ein Wunder auf dem Brett zu geschehen. Schwarz hatte eine überragende Führung. Die Partie kam ins frühe Endspiel und Schwarz würde sicher mit fünfzehn Punkten gewinnen. Aber Halt! Das war gefährlich! Wie oft hatte ich nicht schon im Qualifikationsturnier eine vergleichbare Position durch eine übersehene Schwäche plötzlich doch verloren? Und heute war mein Gegner kein Insei, vielmehr war er ein bekannter Spieler, der in der Honinbo-Liga einen Platz errungen und den Prinz-Takamatsu-Preis verliehen bekommen hatte!

Mit gemischten Gefühlen zwischen Freude und Angst, wagte ich einen verstohlenen Blick in das Gesicht meines Gegners. Sein Ausdruck war beängstigend. Er schien mir zu sagen, wenn du Go spielst, dann musst du genau diesen Angst einflößenden Ausdruck annehmen und deinen Gegner anstarren.

Schnell schaute ich wieder auf die untere Hälfte des Brettes. Die obere Hälfte konnte und wollte ich nicht mehr sehen, denn ich wagte nicht mehr, meinem Lehrer direkt ins Gesicht zu sehen.

Ich habe eine Geschichte von Shimamura Toshihiro 9. Dan vernommen, der sich selbst, Go spielend, auf einem Foto gesehen hat und fragte: „Wer ist das, der da so grimmig und verbissen schaut?“ Der sonst so sanft gestimmte Shimamura konnte sich beim besten Willen nicht vorstellen, dass es sein eigenes Gesicht war, das sich in das eines Dämons verwandelt hatte.

Im Winter ein kaltes Wasserbad[1] –
Selbst Bodhisattwa
Kleidet das Gesicht eines Dämons.
Shodo

Eine unerwartete Aufgabe

Um fünf Uhr hatte mein Lehrer seine beachtlichen Ressourcen aufgebraucht. Er dachte daran aufzugeben. Aber sein Schüler schaute unentwegt nach unten. Das verwirrte ihn. Wie konnte er seine Aufgabe zu erkennen geben? Gewöhnlich sagt man „Ich habe verloren.“ und legt einige geschlagene Steine auf das Brett. Aber hier war der Gegner sein Schüler, der kaum mehr als ein Geselle galt. Suzuki Goro, ein alter Fuchs in Go-Turnieren, ein

1 Eine der rituellen Entbehrungen der Buddhisten ist, im Winter in mitten eines Wasserfalls zu beten. Man kann sich das Gesicht eines noch so heiligen Mönches vorstellen, das sich unter solchen Bedingungen ganz sicher verwandelt!

kräftiger Krieger, den sie den „Bären von der Nordsee" nannten, konnte kaum „Ich habe verloren." zu einem Schüler sagen.

Mein Lehrer streckte seinen Hals über das Brett und versuchte in das Gesicht seines Schülers zu schauen, ganz wie ein Kind, das in einem Spiel ein anderes Kind aus der Fassung bringen will. Er grinste über das ganze Gesicht. Erschrocken wich ich zurück. Wieder ernst geworden sprach Suzuki nur ein einziges Wort: „Gut."

Dies glich einer jener Aufgaben im Kendo, in der das unsicher geführte Schwert des Schülers einen ausgezeichneten Treffer gegen den Meister geführt hat und den Kampf beendete. Das war wie ein Traum. Ich war in Trance und wollte nicht wieder erwachen. Aber irgendwie fühlte es sich nicht wie ein Traum an.

Nachdem Suzuki einen kurzen Kommentar zu Partie gegeben hatte, begann es draußen hell zu werden. Und obwohl ich die ganze Nacht durchgespielt hatte, spürte ich keine Müdigkeit oder Erschöpfung. Es mag ein Glückstreffer gewesen sein, aber ich hatte gegen meinen 6. Dan-Lehrer gewonnen! Wie konnten dann diese Inseis noch ein Problem sein?

Dieses Jahr sollte mein Jahr werden. Der erste Sonnenaufgang des neuen Jahres war der schönste, den ich je gesehen hatte.

Die Kunst des Aufgebens

Ich werde häufig gefragt, wie viele Punkte einer Partieaufgabe entsprächen. Natürlich gibt es dafür keine feste Regel.

Von einer Partie aus den 1940er Jahren zwischen Takahashi Shigeyuki, damals 5. Dan, und Fujita Toyojiro, damals 4. Dan, wird berichtet, dass Takahashi aufgab, nachdem er festgestellt hatte, dass es keine Möglichkeit für einen Sieg gab, denn in allen Varianten fehlte ihm am Ende immer genau ein halber Punkt. Hätte er die Partie ausgespielt, so wäre das Ergebnis als Niederlage mit einem Punkt festgehalten und überliefert worden. So aber ist es eine Niederlage durch Aufgabe. Es ist noch nicht so lange her, da beendete Hideo Otake 9. Dan eine bevorstehende Ein-Punkt-Niederlage im Finale des Meijin-Titelkampfes von 1975 durch Aufgabe.

Aber es gibt auch das andere Extrem. Im Meijin-Turnier wurde die Niederlage in einer Partie mit vierunddreißig Punkten ausgezählt. Aus Zeitmangel musste der unterlegene Spieler wohl bis zum Ende gekämpft haben, obwohl er annehmen musste, dass die Lage nicht gut für ihn ist. Als Ergebnis wurde eine Niederlage mit vierunddreißig Punkten festgestellt, jedoch keine Aufgabe.

Peinliche Aufgaben

Als ich mit einem Unbekannten das erste Mal eine Lehrpartie spielte, setzte jener ein sorgfältiges Zwei-Punkte-Umbiegen-und-Decken-Endspiel, obwohl er bereits über hundert Punkte zurück lag. Nach der Partie sagte der Spieler: „Ich dachte, es wäre unhöflich gewesen, aufzugeben, wo Sie doch die Freundlichkeit hatten, mit mir zu spielen." Das lässt vermuten, dass er mit seinen Freunden anders spielt. Aber wenn man ihm zusah, dann sah man ihn das kleinste Ko kämpfen, einen verzweifelten Kampf um einen halben Punkt, der die hundert Punkte Rückstand nur marginal verändern würde. Schließlich besetzte er die neutralen Punkte, legte die geschlagenen Steine auf das Brett und rief dann aus: „Oh, was für eine Überraschung, ich liege so weit zurück!" Dann gab er vor, aufzugeben. Dieses Verhalten kann man jedoch nicht als echtes Aufgeben gelten lassen.

„Shudan" ist ein häufig verwendetes Synonym für Go und bedeutet soviel wie „sprechende Hände". Die Spieler mögen kein Wort sprechen, aber jeder einzelne Stein, den sie auf das Brett legen, gibt die Gefühle der Spieler wieder. Wenn man das „Shudan" eines Spielers, der mit hundert Punkten hinten liegt und nicht an das Aufgeben denkt, übersetzt, dann würde es heißen „Du bist so blöd, dass ich noch leicht die hundert Punkte aufholen kann." Eine gröbere Unhöflichkeit kann man sich als Go-Spieler nicht vorstellen.

Es gibt ein Sprichwort, das sagt: „Ein Krieger muss gleichermaßen auf eine Niederlage wie auf einen Sieg vorbereitet sein." Wenn man verliert, dann solle man dies wie ein Mann tun! Das heißt, man soll in einer hoffnungslosen Situation die Aufgabe nicht zu lang hinauszögern. Sollten Sie je in diese Lage kommen, mein lieber Leser, dann denken Sie bitte an die Worte meiner Wenigkeit, eines einfachen 5. Dan vom Nihon Kiin. Ich bin mir sicher, Sie werden feststellen, dass nicht nur Ihr Go davon profitiert, sondern auch die Atmosphäre, in der Sie spielen.

Schon die Alten haben es treffend formuliert: „Gewinnen macht Spaß, aber Verlieren schmälert nicht die Freude am Spielen."

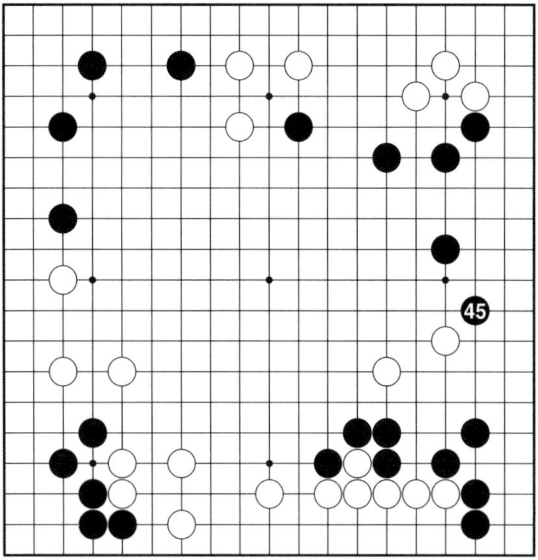

Weiß: Ishigure, Schwarz: Rin, 4,5 komi
Gespielt am 11. Februar 1963 im Nihon Kiin (Takanawa)

Eine echt professionelle Aufgabe

Schauen Sie sich die Abbildung auf Seite 48 an. Dies ist eine Partie des New Stars Knockout Tournament aus dem Jahr 1963, das von der „Igo Club“ gesponsert wurde. Schwarz wurde von Rin Kaiho, damals 7. Dan, gespielt und Weiß ist Ishigure Ikuro, damals 3. Dan. Schwarz 45 erblickend hat Ishigure aufgegeben.

Was meint der Leser zu dieser Entscheidung?

Einige werden feststellen, dass es nichts Nachteiliges an der weißen Stellung gibt. Sicher, Weiß kann hier noch weiter spielen. Manche Leser mögen Ishigure für seinen fehlenden Kampfgeist kritisieren, aber Ishigure hatte in diesem Kampf, den er mehr mit sich als mit dem Gegner austrug, alle Zeit aufgebraucht. Alle möglichen Optionen, die er erdenken konnte, hatte Ishigure geprüft. Aber letztlich entschied er sich für die Aufgabe. Er würde sagen, dass Weiß bereits zu lange gewartet habe. Nach der Partie sagte er: „Ich habe lange Zeit darüber nachgedacht, ob ich nicht schon nach Schwarz 37 aufgeben sollte.“

Sich noch länger zu wehren, wäre in der Tat hoffnungslos gewesen. Der Gegner war immerhin der große Rin Kaiho. Es gab nicht die leiseste Chance auf einen Überraschungssieg. Ishigure war wie ein Karpfen, der sich mit Würde auf dem Schlachtbrett liegend seinem Schicksal ergab und zu zucken aufhörte.

So würdevoll
Wenn sie fallen –
Die Kirschblüten.
Shodo

Der Umstand, dass Rin Kaiho der Gegner in dieser Partie war, wird einiges zur Entscheidung beigetragen haben. Wenn man für einen kurzen Moment annimmt, der Gegner auf der anderen Seite des Brettes wäre ich, Nakayama, gewesen, was denken Sie, hätte Ishigure dann auch so schnell aufgegeben? Ich kann mir das nicht vorstellen. „Wie, du mein Gegner? Wie hätte ich überhaupt in diese schlechte Lage kommen sollen?“

Yamabe Toshiro 9. Dan und Ishigure Ikuro 8. Dan sind zwei angesehene Spieler, die ihre Niederlage mannhaft akzeptieren. Bei einem einzigen schlechten Zug, den er selbst gespielt hatte, erregte sich Yamabe dermaßen, dass er in einem „Anfall von Verrücktheit“ (seine eigenen Worte) die Partie aufgab, obwohl er ganz klar in Führung gelegen hatte.

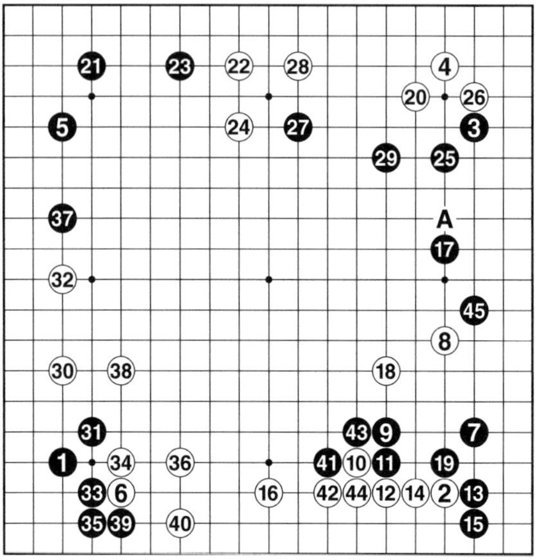

Abbildung (1-45)
Weiß: Ishigure Ikuro 3. Dan, Schwarz: Rin Kaiho 7. Dan

Ishigure machte einen Fehler in seiner Antwort auf Schwarz 11 und 13, die eine neue Kombination in diesem Abspiel darstellen. Er hatte wahrscheinlich das Joseki (Eckabspiel) in Diagramm 1 erwartet, welches ein ausgeglichenes Ergebnis für beide Seiten bringt.

Weiß 14 war schwach. Stattdessen sollte Weiß das Hane auf 1 in Diagramm 2 spielen. Wenn Schwarz daraufhin einfach nur 2 und 4 spielt, wird der Abtausch von 11 für 12 in der Abbildung schlecht für ihn, da es Weiß unnötig stärkt. Schwarz wird daher auf 2 in Diagramm 3 schneiden, doch das entstehende Ponnuki ist gut für Weiß. Nach Schwarz 10 kann Weiß die Partie auf A fortsetzen.

(Aus einem Kommentar von Sakata Eio 9. Dan)

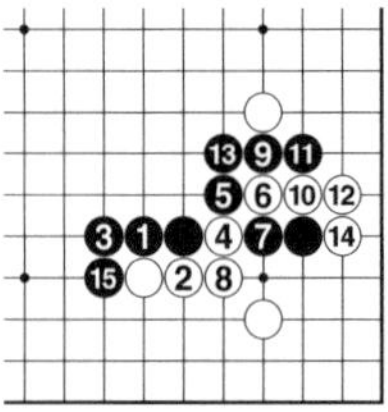

Dia. 1

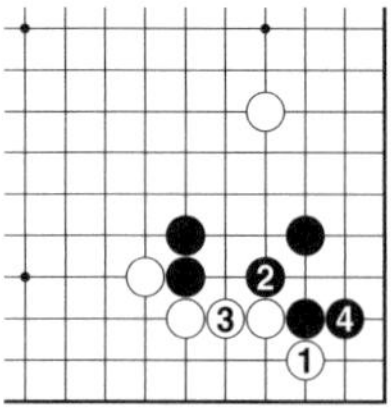

Dia. 2

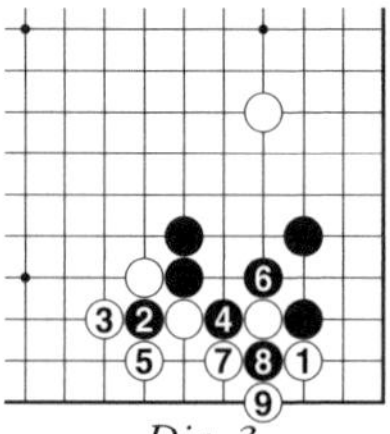

Dia. 3
10 verbindet

Ein Kampf um Haare

Ich bin ein mittelmäßiger Go-Spieler, als Amateur trat ich neun Mal im Qualifikationsturnier an, bevor mir endlich der Sprung in die Profi-Liga gelang. Es war nicht die klaffende Lücke in der Spielstärke oder im Einfallsreichtum, die mich von den anderen Profis unterschied. Nein, es war die Entschlossenheit und die Würde, mit der Profis ihre Niederlagen eingestanden. Dies ist es, was mich am meisten beeindruckt.

Gelegentlich hatte es in einer Partie den Anschein, als ob ich in Führung ginge. Obwohl ich vorn lag, beschlich mich von innen ein Gefühl der Angst. Was habe ich übersehen? Welche Schwachstelle wird mein Gegner plötzlich ausnutzen und die Partie herumreißen? Doch kam es anders. Mein Gegner würde nach einer langen Zeit, die er nur auf das Brett gestarrt hatte, lächeln und ganz gefasst sagen: „Ich habe verloren."

Hätte man diese Partien ausgespielt, so wären es meist nur fünf oder sechs Punkte gewesen, in manchen Fällen gar nur drei oder vier. Es war stets der perfekte Zeitpunkt, den meine Gegner für ihre Aufgabe wählten. Davon bleibt man nicht unbeeindruckt.

Die richtige „Technik", wie und wann man aufgibt, ist in der Tat nicht so leicht zu lernen, wie das eigentliche Spielen.

Kita Fumiko (1875-1950), Ehren-8. Dan, wird als die Mutter des modernen, professionellen Frauen-Go angesehen. Fast alle Frauen, die vor dem Krieg Profi wurden, sind bei ihr in die Lehre gegangen, wie zum Beispiel Suzuki Hideko 5. Dan, Ito Tomoe 5. Dan, Sugiuchi Kazuko 8. Dan, Suzuki Tsuna 3. Dan und Oyama Toshiko 4. Dan. Hayashi Sano war Kita Fumikos Mutter und steht als Synonym für das Frauen-Go im 19. Jahrhundert. Sie stammte aus der Hayashi-Schule, einer der vier bekannten Go-Schulen der Edo-Periode (1600-1868), und war ein aktives Mitglied im Hoensha, der wichtigsten Profi-Vereinigung im ausgehenden 19. Jahrhundert. Ihre Hoffnung darauf bauend, dem Hayashi-Haus weiteren Ruhm hinzuzufügen, bildete sie ihre Tochter in äußerst spartanischer Weise aus.

Im Alter von elf Jahren kam Kita Fumiko zu ihrer Mutter und sagte, sie möchte gern das Go-Spielen lernen. Hayashi Sano war erfreut über diesen Entschluss. Doch um sicher zu gehen, dass das Kind das Go-Spielen wie eine ernste Sache betrachtet, ließ Hayashi Sano ihrer Tochter kurzer Hand die langen Haare abschneiden. Die Kurzhaarfrisur, die Kita nun tragen musste, war mit Sicherheit noch schlimmer, als sich die Haare vollständig abzurasieren, wie es die heutige Jugend oder Mitglieder von

Sportvereinen heutzutage gern tun, denn zu Beginn der Meiji-Restauration (1868-1912) banden Mädchen aus gutem Hause ihre Haare gewöhnlich in traditioneller Weise über dem Kopf zusammen und trugen dazu passende Gewänder.

Sano mag sich damals mit folgenden Worten gerechtfertigt haben: „Wenn eine Frau mit Herz und Seele eine Go-Spielerin werden und gleichberechtigt auf einer Stufe mit den Männern stehen möchte, dann muss sie aufhören, eine Frau zu sein. Für einen Mann ist Go ein großes Unternehmen, für das er sein Leben hergibt. Wenn eine Frau das gleiche tun möchte, dann muss sie in Körper und Geist ein Mann werden. Im Gegenzug erlaube ich dir, dein Haar wieder lang wachsen zu lassen, wenn du eines Tages Shodan wirst. Ich werde dir dazu schöne Kimonos schenken und dir die Freiheit geben, zu tun und zu lassen, was du möchtest."

Der Tag, an dem Kita Fumiko schließlich Shodan wurde, war wahrscheinlich der schönste Tag in ihrem Leben, denn erst jetzt durfte sie ihre Haare wieder wachsen lassen. Doch bis dahin vergingen mehr als fünf Jahre, in denen sie hart kämpfen musste, um ihre prachtvollen Haare wiederzuerlangen.

Das Go-Brett auf der Erde

Die Spieler aus dem Hoensha-Haus waren ganz begeistert von ihrem neuen, ungewöhnlichen Schüler. „Lass uns eine Partie spielen, kleiner Mönch!" pflegten sie Kita zuzurufen.

Das Mädchen gab sich völlig dem Studium des Go hin und lebte, wie es die Mutter von ihr verlangte. Die Grundlage für ein professionelles Studium besteht darin, die eigenen Partien nachzuspielen und die Fehler zu analysieren und zu korrigieren. Obwohl sie eine Profi-Anwärterin war, so war sie doch noch immer eine Anfängerin und vergaß als solche immer wieder mal die Züge ihrer Partien. Wenn Kita nach Hause kam, musste sie als Erstes ihrer Mutter die am Tage gespielte vorzeigen, indem sie sie Zug für Zug nachlegte.

Wehe doch, sie hatte die Züge vergessen oder war nicht in der Lage, sich die richtige Reihenfolge in Erinnerung zu rufen, dann erwartete sie der strenge Blick ihrer Mutter, die fordernd fragte: „Wo hast du als nächstes gespielt?"

Kitas Mutter konnte stundenlang vor dem Brett sitzen und auf eine Antwort warten. Selbst wenn die Zeit für das Abendessen gekommen war, gab sie nicht nach. Am Ende mussten beide, Tochter wie Mutter, hungrig ins Bett gehen. Eine Partie nicht nachlegen zu können, war nicht zum Lachen und so hatte Kita vor diesem Nachspielen stets die größte Angst.

Der Weg vom Hoensha-Gebäude in Kanda nach Haus führte Kita über den großen Platz vor dem kaiserlichen Palast. Zu jener Zeit konnten Passanten ein kleines Mädchen bemerken, das auf dem Platz kleine schwarze und weiße Steine auflas. Anstatt wie andere Kinder mit diesen Steinen Murmeln zu spielen, zeichnete sie ein Gittermuster von neunzehn mal neunzehn Linien auf den Boden und begann, die Partie nachzulegen, die sie an diesem Tag gespielt hatte und am Abend ihrer Mutter würde vorzeigen müssen.

Dies war Kitas Weg, die Schelte der Mutter zu vermeiden, falls sie die Partie nicht mehr im Kopf hätte. Der unbedingte Wunsch, ihre Mutter zufrieden zu machen, war vermutlich die Grundlage für die Entfaltung und das Aufblühen der überragenden Spielerin Kita Fumiko.

Warum hast du nicht aufgegeben?

Es gibt eine Anekdote, als Kita etwa dreizehn oder vierzehn Jahre alt und vielleicht zwei Steine von der Stärke eines Profis entfernt war.

Eines Tages spielte Kita eine Partie mit einem hochrangigen Amateur, der den Spitznamen „Teufel Shibata“ trug. Kita nahm zwei Steine und hatte eine schwierige Partie, aber sie kämpfte verbissen und konnte am Ende einen Überraschungssieg erringen. Wie gewöhnlich wartete ihre Mutter bereits ungeduldig vor dem Go-Brett, als sie nach Hause kam. Stolz und Lob erwartend legte Kita die Partie sofort nach.

Doch ihre Mutter schimpfte und schalt sie. „Was für eine schreckliche Partie! Du hättest aufgeben sollen. Aber du hast weitergespielt und gewonnen. Du warst fürchterlich unhöflich zu deinem Mitspieler, Herrn Shibata! Warum hast du nicht aufgegeben, anstelle dieses Zuges hier?“

Die kleine Fumiko schaute ihre Mutter mit aufgerissenen Augen an. Im Innern mochte sie denken: „Du sagst, es ist eine schlechte Partie, dann mag es so sein. Ich habe das nicht erkannt. Aber ich habe mit meiner ganzen Kraft gekämpft und, in meiner eigenen ungeschickten Art, habe ich es geschafft, mich selbst zu übertreffen und habe gewonnen. Ich hatte Anerkennung erwartet, stattdessen bekomme ich nur Schelte. Das ist nicht fair.“ Doch Kita blieb still, sagte kein Wort.

Damals wie heute ist es schwer, mit Mädchen in diesem Alter umzugehen. Weil Kita nichts sagte, begann ihre Mutter zu zittern und wurde ernsthaft böse.

„Du kleines dummes Ding! Du weißt nicht einmal, dass man so eine schreckliche Partie aufgibt. Stattdessen kommst du nach Hause und brüstest dich damit. Was sollen wir nur tun? Hier, ich werde es dir zeigen!" Übersteigerte Liebe kann in tödlichen Hass umschlagen. Vor Ärger und Wut kochend fesselte Sano die Arme und Beine ihrer Tochter und band sie an einer Säule fest.

„Ich habe niemals daran gedacht, gegen meine Mutter zu rebellieren. Aber dieses eine Mal war ich wirklich wütend! Mit meiner Mutter mag das Temperament durchgegangen sein, aber ich kochte ebenso. Zu jener Zeit hatte ich einen Haori-Schal, den ich mir von meinem eigenen, zusammengesparten Geld gekauft hatte und welcher mein liebster Besitz war. Ich riss diesen Schal mit meinen Zähnen in kleine Stücke. Das half mir, meine Wut zu bändigen. Doch selbst als meine Mutter mir vergeben hatte, verweigerte ich noch zwei Tage das Essen. Meine Mutter wusste nicht mehr, was sie tun sollte."

Wann immer Kita Fumiko an ihre verstorbene Mutter erinnert wurde, sprach sie von ihrer tiefen und herzlichen Liebe für sie. Die Mutter mag stur und dickköpfig gewesen sein, aber so war es auch die Tochter. Man kann auch sagen, beide waren gesegnet mit einem überaus starken Willen.

Das Rätsel nicht lösend
Kaut sie auf dem Kragen
Ihrer neuen Robe.
Shodo

Selbst die Sieger im Sumoring
Erwarten ihre Kritik -
Vom Lehrer.
Shodo

Warum hast du aufgegeben?

Es gibt noch eine andere Geschichte. Kogishi Soji (1898-1925) war ein brillanter Spieler, der das Erbe des 21. Honinbo Shusai antreten sollte. Er wäre der 22. Honinbo Shuritsu geworden, aber er starb in jungen Jahren.

Als Kogishi 5. Dan war, gründete er eine Studiengruppe, in der er die treibende Kraft darstellte. Bei einem dieser Treffen wurde eine Partie zwischen Iwamoto Kaoru 4. Dan (später 9. Dan) und Murashima Yoshinori 1. Dan (später 8. Dan) ausgetragen, in der Murashima zwei Steine Vorgabe nahm. Entweder lag es an seinem schlechten Spiel oder an den genialen Zügen Iwamotos, auf jeden Fall beendete Murashima die Partie frühzeitig durch Aufgabe.

Offensichtlich war Kogishi von Murashimas schlechter Leistung überrascht. Er rief ihn in eine Ecke des Raumes und verlangte, dass er die soeben verlorene Partie noch einmal nachspielte. Murashima und der jüngere Kogishi waren beide Schüler von Shusai, aber ungeachtet dessen musste Kogishi bereits mehr wie ein Lehrer, als wie ein stärkerer Mitschüler gewirkt haben.

Mitten im Spiel sagte Murashima „Hier habe ich aufgegeben." Kogishi schaute für eine Weile auf das Brett und sagte „Ich kann nichts wirklich Schlechtes an deiner Stellung finden." Einen schwarzen Stein auf das Brett legend fuhr er fort: „Wenn du hier spielst, ist die Partie für beiden Seiten offen."

Murashima, den man später die „Quelle der Weisheit im Nihon Kiin" nannte, war als Junge schlagfertig, aber auch eigensinnig. „Ich dachte, dieser Zug würde nichts bringen, da Weiß daraufhin hier antworten würde." antwortete Murashima und setzte einen weißen Stein auf das Brett. Spontan setzten die beiden die Partie fort, Murashima nun mit den weißen Steinen und Kogishi mit den schwarzen.

Wie stark Murashima auch gewesen sein mochte, er konnte dem unvergleichlichen Kogishi keine zwei Steine geben. Bald war er gezwungen, die Partie ein zweites Mal aufzugeben, eine bittere Demütigung. Wenn Kogishi sich auch über die Sturheit von Murashima empörte, so war er doch begeistert von seinem Talent.

Die Wahl des richtigen Zeitpunkts – für die Aufgabe

Go ist kein einfaches Spiel. Gesteht man eine Niederlage zu früh ein, dann erhält man Tadel wie Murashima. Gibt man zu spät auf, dann bekommt man schrecklichen Ärger wie die kleine Fumiko. Wie schwierig ist es also, den richtigen Zeitpunkt zu finden. Es darf keinen Zug zu früh und keinen Zug zu spät sein!

Es fällt auf, dass die ältere Generation von Spielern, die ihr Training noch zu Beginn des Jahrhunderts erhalten haben, eine ganz besondere Achtsamkeit dem richtigen Zeitpunkt einer Aufgabe entgegen bringen.

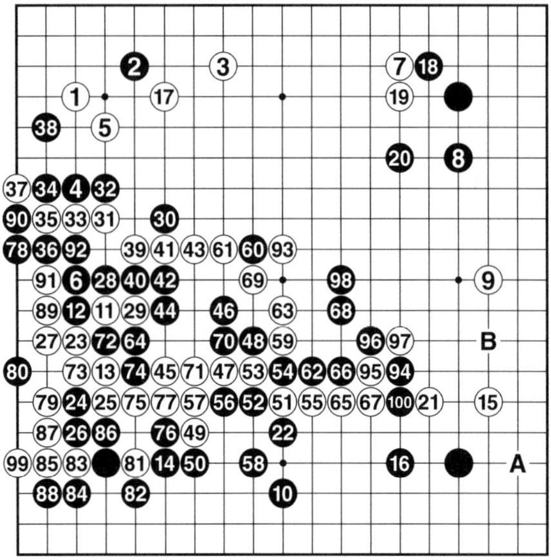

Abbildung 1 (1-100)
Weiß: Honinbo Shuei 7. Dan
Schwarz: Kita (Hayashi) Fumiko 1. Dan (16 Jahre alt)

Diese Partie wurde gespielt zwischen Kita Fumiko und Honinbo Shuei, einem der besten Spieler jener Zeit.

Das Hayashi-Haus hatte Honinbo Shuei (1852-1907) als Kind adoptiert und ihn 1867 zu ihrem Oberhaupt erkoren. 1884 kehrte Shuei zur Honinbo-Familie zurück und wurde der 17. Honinbo.

Durch seine Verbindung mit dem Hayashi-Haus hatte Shuei ein persönliches Interesse an der kleinen Fumiko. Zur Feier ihrer Aufnahme in den Kreis der Profi-Spieler wurde diese Partie mit Honinbo Shuei arrangiert.

Abbildung 1. Schwarz 18 sollte auf A gespielt werden, da dies eine ernste Invasion auf B als Fortsetzung androht.

Als Weiß mit 31 zuschlug, wehrte sich Schwarz tapfer und gab keinen Millimeter nach. Hätte Kita aber Schwarz 46 auf eine Linie tiefer gesetzt (z.B. auf 70), dann wäre es für Shuei gefährlich geworden. Schwarz gelang es, Weiß einzuschließen, aber Shuei konnte sich mit der geschickten Kombination von 81 und 83 entziehen.

Kita spielte kraftvoll weiter, wie zum Beispiel mit 94.

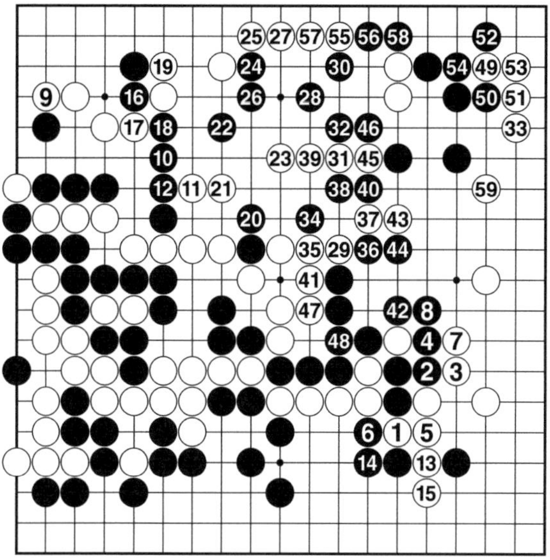

Abbildung 2 (101-159)

Abbildung 2. In der Abfolge bis 6 fängt Schwarz die weißen Steine. Dies geht auf Kosten der rechten unteren Ecke, die viel zu groß geworden ist. Dennoch zeigt die nun übersichtlichere Brettstellung, dass Schwarz in Führung liegt.

Schwarz 34 und einige folgende Züge sind übertrieben. Weiß kann geschickt in Vorhand leben und wechselt zu 49 und kann das Spiel auf diese Weise wieder ausgleichen.

Züge nach 159 nicht aufgezeichnet. Weiß gewinnt mit einem Punkt (nach einem Kommentar von Kobayashi Koichi 9. Dan).

Kita Fumiko wurde im November 1875 geboren. Ihr Vater Shiba Ryokai war ein bekannter Arzt und beherrschte sechs Sprachen. Da er sich insbesondere auf die deutsche Sprache verstand, arbeitete er an der ersten Ausgabe eines Japanisch-Deutschen Wörterbuches mit. Auf der Höhe seines Ruhmes als einer der bekanntesten Ärzte Japans erkrankte er an Tuberkulose und starb im März 1879, als Fumiko gerade erst drei Jahre alt war.

Ihre Mutter Harue konnte die drei Kinder nicht allein versorgen und gab daher Fumiko zur Adoption an die Hayashi-Familie. 1895 heiratete Fumiko das Oberhaupt der Kita-No-Schule. Sie starb am 10. Mai 1950.

Ich hoffe, der Leser hat einiges aus den von mir vorgestellten Beispielen gelernt. Der Autor kann nicht behaupten, er sei besonders geschickt im Aufgeben. Aber als bescheidenes Mitglied der professionellen Spielergilde hegt er einen tiefen Respekt für Spieler wie Yamabe und Ishigure, die es verstehen, in Würde abzugehen, getreu dem Motto „Gewinnen macht Spaß, aber Verlieren schmälert nicht die Freude des Spielens“.

Das zweite Drama

Ein Drama endete und ein zweites Drama begann. Das erste Drama war ein epischer Wettstreit auf dem Go-Brett, welcher von der ganzen Go-Welt verfolgt wurde. Das zweite Drama sah nur der Assistent, der die Partien niederschrieb. Das ist seine Geschichte.

Kriterien für ein Meisterwerk

Wirft man einen Blick in die antike und moderne Geschichte des Go, dann findet man viele kämpferische Partien, viele Meisterwerke. Aber wie soll man ein wirkliches „Meisterwerk des Go" definieren? Kann man eine Partie, die von Anfang bis Ende keine schwachen Züge beinhaltet und zu einem fehlerfreien Abschluss führt, ein „Meisterwerk" nennen? Ich denke nicht, dass dies allein hinreichend ist.

Eine Go-Partie ist ein Wettstreit zwischen zwei Willen, dem Geist zweier Personen. Wenn ein Profi eine Partie verliert, dann muss es daran gelegen haben, dass sein Kampfeswille nicht stark genug war. Wenn Profis spielen, und sei es ein Shodan gegen den Meijin, dann wird so lange gespielt bis alle Kräfte aufgebraucht sind und ein Spieler durch K.o. niedergeht.

Aber wo es heißt „zu viel Wille, zu wenig Können", da kann der Kampf allein keine Früchte tragen. Nicht umsonst gibt es das Sprichwort „Es gibt keine Meisterwerke in hart umkämpften Partien."

Trotzdem, eine unverzichtbare Bedingung für ein Meisterwerk ist die tiefe Verwurzelung eines Antagonismus, gepaart mit der Entschlossenheit, jeden Stein zu einem bedeutungsvollen Zug zu machen. Das ist der Grund, warum eine Partie zwischen Schüler und Meister, zwischen älteren und jüngeren Inseis, eine Lehrpartie oder eine Mannschaftspartie – egal wie viel Raffinesse und elegante Technik sie hervorbringt – niemals das Niveau eines Meisterwerkes erreichen kann, denn ihr fehlt das Aufeinanderprallen zweier rivalisierender Geister.

Man muss in der heutigen Zeit nicht lange nach einigen Beispielen für wahre Meisterwerke suchen. Die Partie vom 11. Februar 1950, die während eines Turniers zwischen dem Nihon Kiin und dem neu gegründeten Kansai Kiin (der sich zu jener Zeit noch nicht vom Nihon Kiin abgespalten hatte) zwischen Hashimoto Utaro 8. Dan und Yamabe Toshiro 5. Dan gespielt wurde, erfüllt diese erste Bedingung.

Der Ost-West-Konflikt

Vierundzwanzig Spitzenspieler wurden zusammengebracht und wie folgt in zwei Mannschaften aufgestellt (das „S" markiert den Spieler mit den schwarzen Steinen, Weiß erhielt 4,5 Komi).

Osten (Nihon Kiin)		Westen (Kansai Kiin)
1. Yamabe Toshiro 5. Dan (S)	0 – 1	Hashimoto Utaro 8. Dan
2. Shimamura Toshihiro 6. Dan	1 – 0	Suzuki Etsuo 5. Dan (S)
3. Sugiuchi Masao 6. Dan (S)	0 – 1	Tainaka Shin 6. Dan
4. Iwamoto Kaoru 8. Dan	1 – 0	Nabeshima Ichiro 6. Dan (S) (damals Honinbo Kunwa)
5. Hayashi Utaro 7. Dan (S)	1 – 0	Sometani Kazuo 6. Dan
6. Takahashi Shigeyuki 5. Dan	0 – 1	Segawa Yoshio 5. Dan (S)
7. Kajiwara Takeo 6. Dan (S)	1 – 0	Hosokawa Senjin 7. Dan
8. Fujisawa Shuko 5. Dan	1 – 0	Sato Sunao 5. Dan (S)
9. Miyashita Shuyo 7. Dan (S)	1 – 0	Fujiki Hitomi 5. Dan
10. Nakamura Yutaro 5. Dan	0 – 1	Kubouchi Shuchi 6. Dan (S)
11. Murashima Y. 6. Dan (S)	1 – 0	Mitsuhara Itaro 7. Dan
12. Suzuki Goro 5. Dan	0 – 1	Sumino Tsunehiro 6.Dan (S)
Mannschaftsergebnis: 7 Siege	–	5 Siege

Mit dem Mannschaftskapitän Hashimoto an der Spitze stellte das westliche Lager eine beeindruckende Aufstellung vor. Das östliche Lager plante – in der Annahme, dass Hashimoto das westliche Team anführen würde – einen Überraschungsangriff und setzten ihr junges Talent Yamabe 5. Dan gegen ihn an.

Als die Aufstellungen ausgetauscht wurden, war die Freude im östlichen Lager groß, denn ihr Plan schien aufzugehen. Man setzte große Hoffnungen auf den 24-jährigen Yamabe. Im Westen schaute man zuerst beunruhigt auf die Reaktion ihres Kapitäns Hashimoto, aber dessen überzeugter Stolz beruhigte sie.

Um Punkt neun Uhr, nach den gegenseitigen Verbeugungen, nahm Yamabe unverzüglich einen schwarzen Stein in die Hand, erhob ihn weit über seinen Kopf und schmetterte ihn genau auf die Mitte des Go-Tisches. Das war eine Herausforderung – der geworfene Fehdehandschuh!

So wie die mittelalterlichen Krieger ihre Gegner auf dem Kampffeld mit lauten Beleidigungen empfingen, um diese zu reizen und herauszufordern, so schien dieser Stein zu rufen: „Großer Meister Hashimoto, was denkst du, wer du bist? Hier bin ich, das wahre Genie, Yamabe!"

Ohne das leiseste Zögern zuckte Hashimotos Hand. Während der schwarze Stein auf der Brettmitte noch wackelte, da schlug schon der erste weiße Stein in unmittelbarer Nähe und mit einem hellen Knall auf. Ein Keima? Ein Pferdesprung zum Stein auf dem Mittelpunkt? Was sagt man zu diesem Zug?

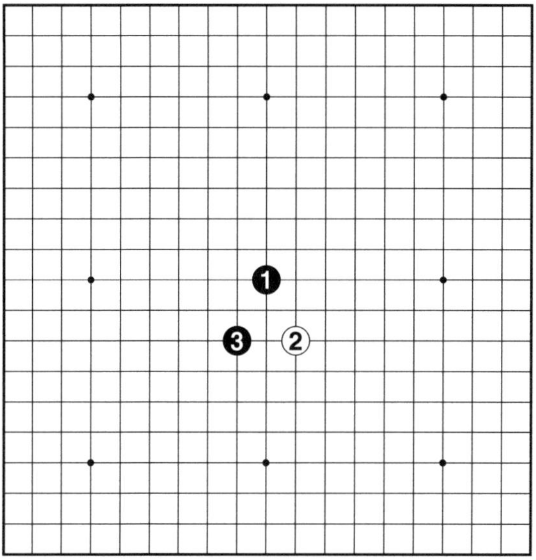

Weiß: Hashimoto, Schwarz: Yamabe

Der erste Stein auf dem Mittelpunkt des Brettes – das sieht man recht selten, aber es kommt gelegentlich vor. Jedoch eine weiße Annäherung in Form eines Pferdesprungs ist einmalig! Und was noch bemerkenswerter ist, der Zug wurde ohne jedes Zögern, ohne einen Moment des Nachdenkens gesetzt.

Als Hashimoto den jungen Yamabe über das Brett gleiten sah, musste er sicher denken: „Er führt etwas im Schilde…" und sich selbst innerlich Mut zugesprochen haben. Vielleicht würde Hashimoto, wenn er heute zu diesem Spiel befragt würde, seine Gedanken von damals offenbaren. Aber wahrscheinlich bleibt es ein ewiges Geheimnis.

Was auch immer Hashimoto gedacht haben mag, der erste Zug auf den Mittelpunkt musste seinen Kampfgeist geweckt und angestachelt haben. Als er mit Weiß 2 antwortete – als wolle er die Herausforderung des jungen Yamabe mit einer Handbewegung wegwischen – da legte Yamabe unverzüglich nach, indem er mit Schwarz 3 ebenfalls einen Pferdesprung spielte.

Die Wolken formen sich,
Mal zu Drachen, mal zu Tigern[1]*,*
Brechen unter gewaltigem Donnern.
Shodo

Feuer und Wasser

Auf der Grundlage ihrer äußeren Erscheinung kann man Go-Spieler in zwei Kategorien einteilen, in „Feuer" und „Wasser". Typisch für die Kategorie „Wasser" wären Spieler wie Sugiuchi Masao, Takagawa Shukaku und Iwata Tatsuaki.

In einer Partie zwischen Sugiuchi und Iwata wurde während des ganzen Spiels kein einziges Wort gesprochen, sie endete in absoluter Stille. „Totenschau-Go" wurde diese Partie von einem Zuschauer genannt.

Der intensive Wille des Wettstreits, der sich hinter der Stirn der Spieler verbirgt, steht dem der Spieler der Kategorie „Feuer" in gar keiner Weise nach. Zu den Vertretern der „Feuer"-Kategorie lassen sich Sakata Eio, Fujisawa Hosai, Hashimoto Utaro und viele andere zählen. In einer Partie zwischen diesen Spielern scheint das Brett in Flammen zu stehen und eine Hitze wie von weißen Flammen auszustrahlen.

Wasser und Feuer sind eins
Für die Erleuchteten –
Kirschblüten fallen.
Shodo

Ein gutes Beispiel ist die berühmte zweite Partie des Meijin-Titelkampfes im Jahr 1963. Sie wurde zwischen Fujisawa Shuko Meijin, und Sakata Eio Honinbo, ausgetragen.

Heute verstehen sich die beiden Spieler sehr gut, aber damals musste es einige Unstimmigkeiten oder Zwistigkeiten zwischen ihnen gegeben haben. Die Medien haben sicher einen guten Teil dazu beigetragen, die Sache aufzuschaukeln und die Stimmung so anzuheizen, dass beide Spieler ihre gegenseitige Verachtung öffentlich kundtaten. Verlieren wurde zum Alptraum – für beide Seiten.

---

1 In der klassischen Literatur stehen Drache und Tiger für heldenhafte Gegenspieler.

Sakata legte einen guten Start hin, indem er die erste Partie mit einem Punkt gewann und die zweite in ein Jigo (unentschieden) führte (es gab fünf Komi). Es hatte jedoch den Anschein, als wenn Sakata diese Best-of-Seven-Serie wieder wegwerfen würde, denn Shuko warf all sein Gewicht und seine Kraft in die Waagschale und entschied die folgenden drei Partien für sich. Fünf Millionen Fans verfolgten das Duell und waren außer sich vor Aufregung.

Der Titelgewinn stand auf Messers Schneide. Die dramatische Lage musste Sakatas Nerven zum Zerreißen anspannen.

Für gewöhnlich schaue er sich kaum klassische Partien an, aber er können beim Nachspielen einiger Partien von Shuho und Shuei entspannen, hatte Sakata einmal gesagt. Vielleicht verlangte es ihm danach, von diesen Göttern Beistand zu erbitten. Aber letztlich gab es nur einen, auf den sich Sakata wirklich verlassen können würde – seinen eigenen Verstand. Und das wusste sicher keiner besser, als er selbst.

Es war eine schrecklich dramatische Serie aus sieben Partien. Die Spannung war so belastend, dass es selbst die Assistenten, die nur die Partien aufzeichnen mussten, nicht mehr aushielten und nach der fünften Partie abdankten. Ich war zu jener Zeit 1. oder 2. Dan und hatte mir – das kann ich in aller Bescheidenheit sagen – bereits vor meinem Eintritt in die Welt der Profis einen Namen als „Meijin der Partieaufzeichner" gemacht. Nachdem ich jedoch selbst Profi wurde, haben mich meine eigenen Partien mehr und mehr von dem kleinen Tisch des Partieaufzeichners weggeführt. Daher hatte ich nicht mehr viel Zutrauen in diese Aufgabe.

Aber bei dieser Gelegenheit nahm ich die Herausforderung, die sechste Schlacht zwischen diesen zwei Prinzen des Go zu dokumentieren, glücklich an, ebenso die Ehre der Aufzeichnung der siebenten Partie in der darauf folgenden Woche.

Der Zug, der einen neuen Meijin hervorbrachte

Es war die siebente und entscheidende Partie des Titelkampfes. Es war bereits der Abend des zweiten Tages des Spiels, aber das mögliche Ergebnis der Partie war noch immer unklar. Von meinem Platz aus, wo ich als Assistent saß, konnte ich in das Gesicht des arroganten Shuko sehen.

Seinen Kopf weit zurück geworfen schien er sagen zu wollen: „Verzeihen Sie mir, lieber Herr Sakata, aber dies ist meine Partie."
Tatsächlich schien Sakata in Schwierigkeiten zu sein, denn seine

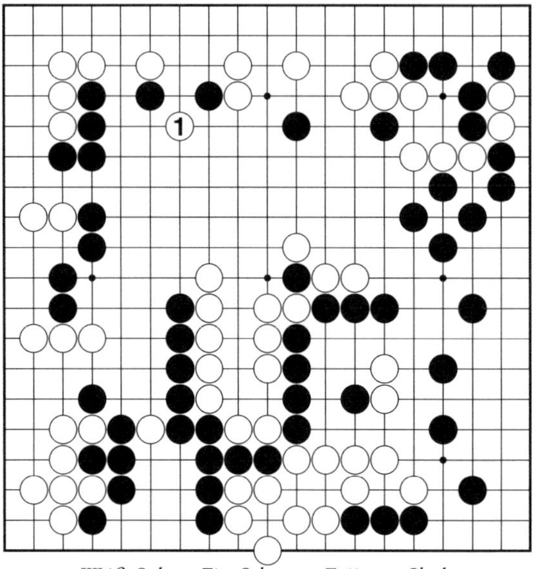

Weiß: Sakata Eio, Schwarz: Fujisawa Shuko
7. Partie des 2. Meijin Titelkampfes, Zug Weiß 120

Lippen waren trocken und er beugte sich tief über das Brett. Es hatte den Anschein, als wolle er wie ein Tier mit seiner Zunge über das Brett lecken. Es waren erst 119 Züge gespielt worden und die Partie erreichte die in Abbildung gezeigte Position.

Sakata hatte offensichtlich eine Strategie ausgearbeitet. Er reckte sich plötzlich auf und rasselte mit den Steinen in der Dose, als er einen herausnahm. Nach einem kurzen Moment des Innehaltens setzte er Weiß 1, der auf die Lücke zwischen den zwei schwarzen Steine schielte. Dies war der berühmte 120. Zug, der später soviel Lob erhielt. Es war klar, dass Shuko diesen Zug nicht erwartet hatte.

Zu jener Zeit hielten weder Shuko noch Sakata dies für einen außergewöhnlichen Zug. Beiden schien er natürlich. Doch als Shuko über den Zug nachdachte, wurde sein Gesicht merklich röter, sein Atem ging schwerer und schließlich begann er mit sich selbst zu reden. Ich werde nie vergessen, wie er leise murmelte: „Solch ein dummer Zug…"

Vor diesem Zug war sich Shuko seines Sieges sehr sicher, aber nun? Wie konnte er jetzt noch gewinnen? Dieser Stein, der wie plumper Zug eines Amateurspielers aussah, war in der Tat ein überraschend guter Zug! Egal wie Schwarz antwortete, es sah nicht gut aus. Dieser Zug brachte seinen Sieg, diese Partie und den nahe geglaubten Titel in Gefahr.

Wie sollte er reagieren? Beginnend mit Zug 120 verlor Shuko an Haltung und seine aussichtsreiche Position fiel langsam in sich zusammen. Als er Weiß 178 sah, senkte der Meijin seinen Kopf.

Die Welt sah die Geburt des Sakata Honinbo Meijin.

Die beiden Spieler analysierten kurz einige Züge der Partie, dann drängten sich die Reporter dazwischen und baten den neuen Meijin um einen Kommentar. Aus Respekt vor dem alten Meijin sagte Sakata nicht viel, doch seine Freude konnte er nicht verbergen.

Blühen und Vergehen
Beides ist Schicksal –
Sieben Tage Kirschblüte.
Shodo

Der alte Meijin verharrt regungslos

Shuko lehnte auf seinem Stuhl, als sei all seine Kraft aus seinem Körper gewichen. Der Schock über den Verlust der Partie, die er nicht verlieren durfte, war unbeschreiblich. Der große Shuko, der unvergleichliche Geist – sein Stolz und seine Vitalität waren gebrochen, keine Kraft geblieben, auch nur aufzustehen.

Wenn ein Affe vom Baum fällt, dann ist er immer noch ein Affe. Aber wenn der Meijin seinen Titel verliert, dann wird er ein ganz normaler Go-Spieler. Was mochten Shukos Gefühle gewesen sein, zurückgeworfen in den gewöhnlichen Rang eines 8. Dan?

Vielleicht gingen ihm die Gesichter nahe stehender Menschen durch den Kopf, das Gesicht von Kono Ichiro, dem Präsidenten des „Meijin Fan Club", das Gesicht seiner Frau, die ihn morgens verabschiedet hatte, das Gesicht seines geliebten Sohnes.

Wie viel Zeit mochte vergangen sein? Eben war der Raum noch voll von Menschen, nun waren die einzig verbliebenen Menschen meine Wenigkeit und Fujisawa Shuko. Unten, in der großen Halle, begannen bereits die Feierlichkeiten für den neuen Meijin. Man konnte Sakatas helle Stimme in dem Gelächter der Versammelten hören. Shuko saß noch immer auf seinem Platz, niedergeschlagen und unfähig sich zu erheben. Das Bild glich einem Gemälde, das die Höhen und Tiefen des Lebens in einem einzigen Moment festhält.

Der Leser mag es seltsam finden, dass auch der Assistent noch im Raum saß. Aber der Grund ist ganz klar: ich hatte mich noch nicht bei Meister Shuko bedankt. Nachdem mir die Ehre zu Teil wurde, die Partie eines solchen bedeutungsvollen Wettstreits aufzuzeichnen, konnte ich nicht einfach weggehen.

Schließlich erhob sich Shuko. Wie ein Nachtwandler kam er schwerfällig und unsicher auf die Beine und begann langsam zur Tür zu wanken.

„Sensei, vielen Dank." verbeugte ich mich. Mich erst jetzt wahrnehmend antworte er: „Oh, keine Ursache. Vielen Dank für Ihre Unannehmlichkeiten." Dann, schon mehr in seiner gewohnten Stimme, aber etwas zu laut und sich selbst aufmuntern wollend, sagte er: „Nun gut, ich denke, ich mach mich auf den Weg."

Als er auf den Gang hinaustrat, stolperte er über seine Robe und schien fast zu fallen. Er konnte sich gerade noch fangen. Dann ging er langsam zur Treppe. Hier war er vorsichtiger, er hob seine Robe mit beiden Händen an und begleitet von einem rhythmischen Gesang „Yoi-sho, yoi-sho" stieg er Stufe für Stufe hinab, langsam und wankend.

Als Shuko an jenem Morgen die Treppe hinaufgestiegen war, da war er noch der Meijin. Nun, seiner Krone beraubt, mit seinem ganzen Körper das Lachen seines Feindes Sakata spürend, sank er Stufe für Stufe hinab. Ich fühlte eine unwiderstehliche Verbundenheit zu diesem Menschen.

„Yoi-sho, yoi-sho."

Shuko nahm singend Abschied vom Titel des Meijin. Unten angekommen, bog Shuko auf den langen Gang des Fukudaya Hotels ein. Seine dunkle, schwankende Silhouette vor dem roten Teppich wurde kleiner und kleiner, erreichte das Ende des Gangs und bog schließlich nach links ab. Es war die Kontur eines Mannes, der von seiner Vergangenheit Abschied nahm.

Tief bewegt verfolgte ich seinen Abgang.

Überall Herbstblumen
Scheinen zu mir zu sprechen
Ist es Nostalgie
Dass Dinge vergehen?
Wakayama Bokusui

Das sind Verse, die mich sehr verzücken.

Es gingen Gerüchte um, dass Shuko sich sofort auf sein Zimmer zurückgezogen und dort mit seinem alten Freund Shioiri Itsuzo kräftig getrunken hätte. Die Wahrheit ist jedoch eine andere.

Sakatas altes Versprechen

Zwei Jahre später spielte ich eine Lehrpartie in einer Zweigstelle des Nihon Kiin, die in der Nähe des Yaesu-Ausgangs des Bahnhofs von Tokio liegt.

Plötzlich sah ich Sakata Honinbo Meijin, mit einem Lächeln im Gesicht, direkt auf mich zukommen. Hatte er in meinem Gegner einen seiner Mäzene erkannt? Nein, er blieb direkt vor mir stehen. Während ich ihn begrüßte, wunderte ich mich, ob er vielleicht irgendetwas Geschäftliches an mich herantragen wollte.

„Nakayama, vielen Dank für Ihre Arbeit an jenem Tag. Es ist eine seltsame Sache, aber es hat den Anschein, dass es mir Glück bringt, wenn Sie die Partie aufzeichnen. Eines Tages werde ich mich mit einem Geschenk revanchieren."

Ich war überrascht. Auch der Meijin hatte also eine menschliche Seite. Jetzt, da er es direkt ansprach, wurde auch mir bewusst, dass Sakata tatsächlich eine ganze Reihe von Partien gewonnen hatte, in denen ich für die Aufzeichnung zuständig war. Nur zwei Spiele hatte er in meiner Gegenwart verloren, zum einen jene Partie gegen Kitani, in der Kitani ein Annäherungsko vierzig Züge im Voraus ausgerechnet hatte, und zum anderen das Unentschieden, durch das Sakata und sein Gegner Go Seigen aus dem Rennen um den 1. Meijin-Titel geworfen wurden.

Sakata gestand, dass er, als er mich für die sechste und siebente Partie am Tisch des Assistenten sitzen sah, dachte: „Ah, da ist jener Junge, der mir immer solches Glück bringt!"

Allein diese Geste, dass er einem einfachen 2. Dan gegenübertrat und ihm öffentlich dankte, war bereits ein großes Geschenk.

„Ich danke Ihnen! Es ist mir eine Ehre." sagte ich lachend.

Mit was für einem Geschenk könnte er sich revanchieren? Eine Lehrpartie mit Sakata Honinbo Meijin vielleicht? Für mich könnte es keinen größeren Gefallen geben!

Aber was soll das? Kämpfe deinen eigenen Weg nach oben und fordere Sakata heraus, so wie es Takagi Shoichi vorgemacht hat, der im gleichen Jahr wie du Profi wurde! Nein, das ist ein Ding der Unmöglichkeit, wenn ich solch eine Entwicklung hinlegen könnte, dann müsste ich mich nicht an dieses alte Versprechen erinnern.

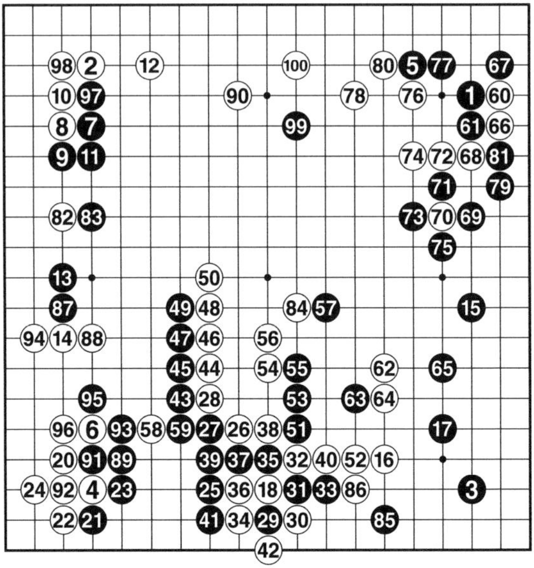

Abbildung 1 (1-100)
Weiß: Sakata Eio, Schwarz: Fujisawa Shuko
7. Partie des 2. Meijin Titelkampfes, September 1973
(92 verbindet auf 19)

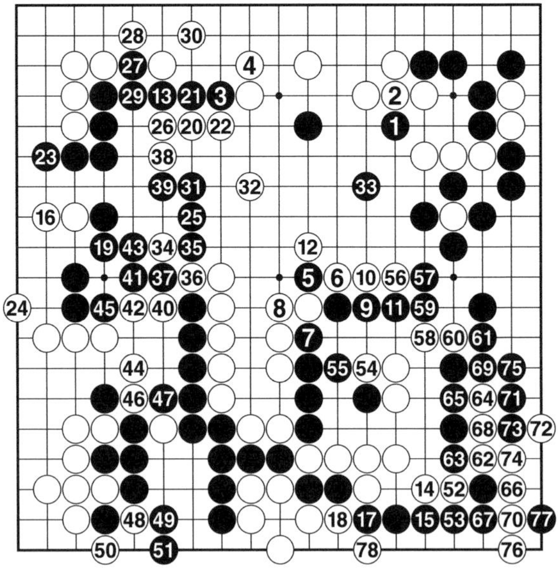

Abbildung 2 (101-178)
Schwarz gibt nach Weiß 178 auf.

Kapitel II

Partiekommentare

Die Spiegel-Treppe

Dies ist ohne Zweifel die ungewöhnlichste Partie, die ich je in meiner Karriere gespielt habe. Spiegel-Go (Mane-go) an sich ist nicht selten und die Strategien, die das Spiegel-Go durchbrechen, sind nicht meine Erfindung. Dennoch ist das Ergebnis, dass zwei Treppen aufeinander zu laufen, schon sehr ungewöhnlich. Was wird passieren, wenn beide Treppen in der Mitte des Himmels, auf dem Brettmittelpunkt zusammentreffen?

Weiß: Hanawa Yasutoki 4. Dan
Schwarz: Nakayama Noriyuki 4. Dan
Komi: 5,5
Gespielt am 7. Dezember 1977 im Nihon Kiin.

Abbildung 1 (1-20). Spiegel-Go
Hanawa hatte gewöhnlich Schwierigkeiten mit dem Fuseki. Als er jedoch ohne langes Nachdenken mit Weiß 2 und 4 die freien, Schwarz gegenüberliegenden Ecken besetzte, da kam mir der Verdacht, dass er auf eine Partie Spiegel-Go aus war.

Ich überlegte, wie ich seiner Strategie des Spiegelns begegnen

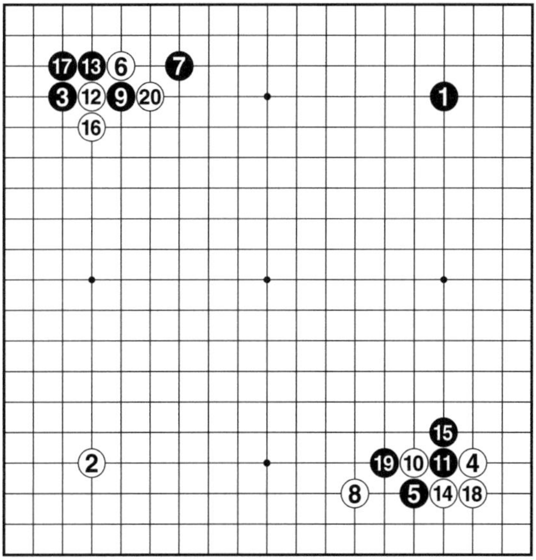

Abbildung 1 (1-20)

wollte, und beschloss, es auf zwei Treppen anzulegen, die genau im Brettmittelpunkt aufeinander treffen würden.

Wenn Schwarz einfach nur eine normale Partie spielte, dann stünde ein knappes Ergebnis in Erwartung und die Komi blieben über der gesamte Partie ein unangenehmer Ballast.

Abbildung 2 (21-28). Unausweichliche Treppen

Weiß kann Schwarz 21 nicht sofort auf 24 beantworten, da die Treppe für Schwarz läuft. Also spielt Weiß 22 – Weiß hat den Tiger einmal am Schwanz gepackt und kann ihn nun nicht loslassen.

Schwarz spielt natürlich 23, denn die Treppe läuft für ihn. Nachdem Weiß mit 24 fortsetzt, entsteht eine wirklich ungewöhnliche Konstellation.

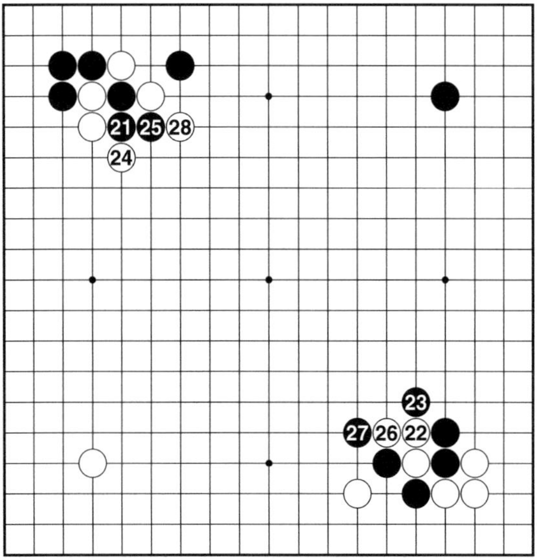

Abbildung 2 (21-28)

Dia. 1. Der Treppe aus dem Weg gehen

Die Situation verlangt große Vorsicht. Bei jedem Zug zögernd werden die Steine auf das Brett gelegt. Ein Fehler und die ganze Gruppe wird geschlagen. Daher haben wir beide lange und angestrengt nachgedacht, bevor wir unsere Züge spielten.

Wenn Weiß die Treppe nicht mag, dann kann er zum Beispiel 1 in Diagramm 1 spielen, aber das Ergebnis nach 6 ist schmerzhaft für ihn. Schwarz verbindet in der oberen Ecke am Rand, jedoch die gleiche Verbindung am unteren Rand gelingt Weiß nicht.

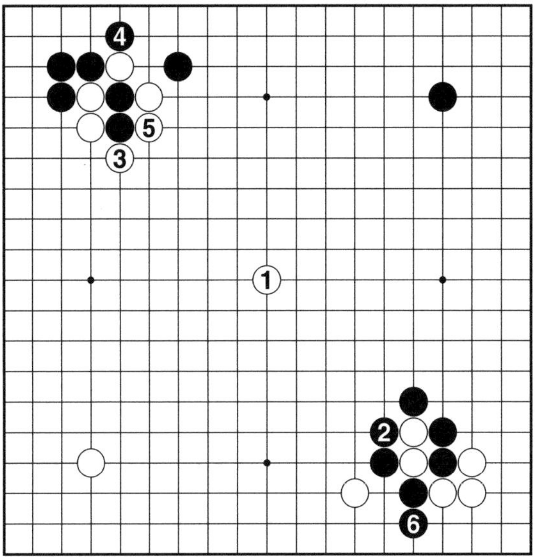

Diagramm 1

Dia. 2. Schwarz ist zufrieden

Weiß kann auch 1 in Diagramm 2 spielen, um die untere Treppe für sich günstig zu gestalten. Er entkommt mit 3. Wenn Schwarz auf 4, dann ist Weiß 5 die beste Antwort. Man beachte, dass

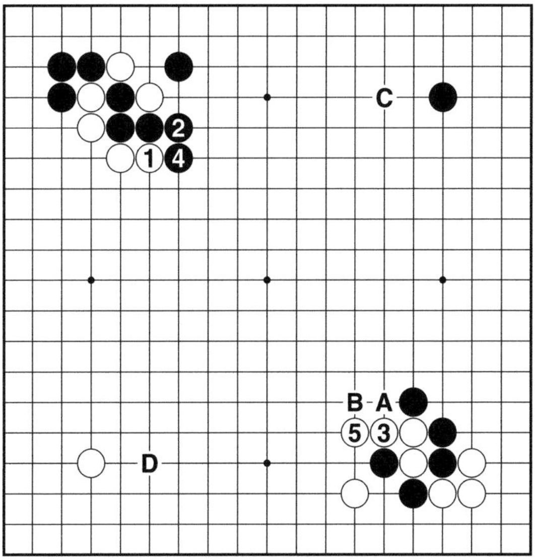

Diagramm 2

Schwarz hier nicht den schlechten, Freiheiten nehmenden Austausch A gegen B gespielt hat. Folglich ist das Ergebnis gut für Schwarz.

Auf diese Weise fühlte ich, selbst wenn noch ein kompliziertes Spiel voraus lag, dass Schwarz bereits die Komi aufgeholt und sogar schon einen kleinen Vorsprung hätte. Wenn beide Seiten ein Moyo (große Gebietsanlage) abstecken, zum Beispiel Schwarz C und Weiß D, dann ist die hohe schwarze Wand aus 2 und 4 besser auf Moyo ausgerichtet als die flache weiße Wand mit 3 und 5.

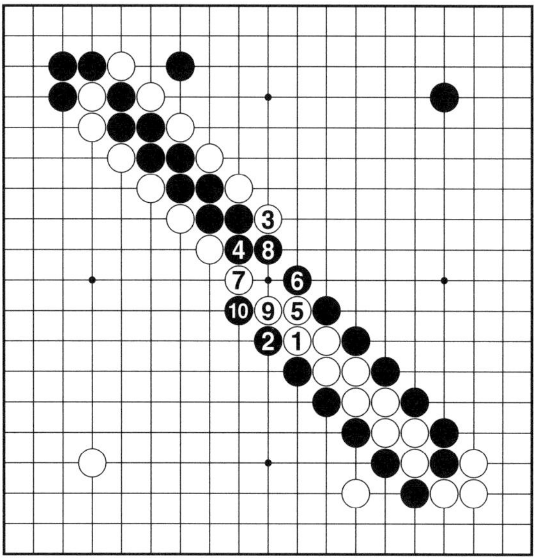

Diagramm 3

Dia. 3. Selbstmord

Wenn Weiß die Spiegeltreppe bis zum Ende spielt, dann gibt es ein Rendezvous bei 10 und Weiß bricht zusammen.

Dia. 4. Stärke nach außen

Statt 9 in Diagramm 3 könnte Weiß auch mit 1 Atari geben und anschließend mit 3 fliehen. Schwarz wird dann die Züge 4 bis 10 in Vorhand spielen und erhält wieder ein gutes Ergebnis, denn seine Steine bilden eine starke Außenwand, während die weißen Steine innen zusammengedrückt sind.

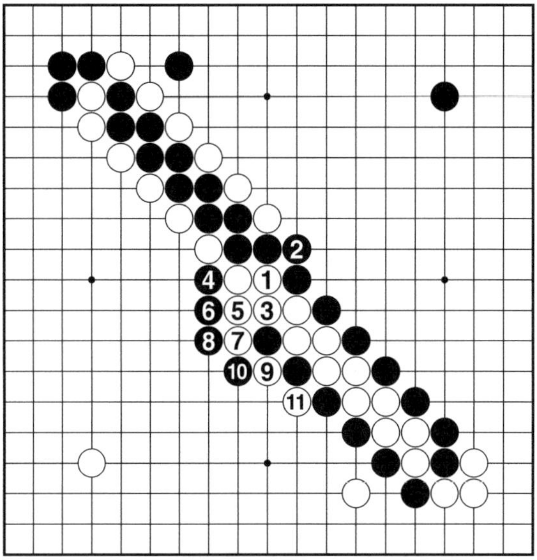

Diagramm 4

Abb. 3 (50-52). Den Zusammenstoß vermeiden

Hanawa verfolgte die Strategie der Kombination von 50 und 52, um den Zusammenstoß zu vermeiden. Für Schwarz ist es jetzt schwierig, eine passende Antwort zu finden. Tauscht er

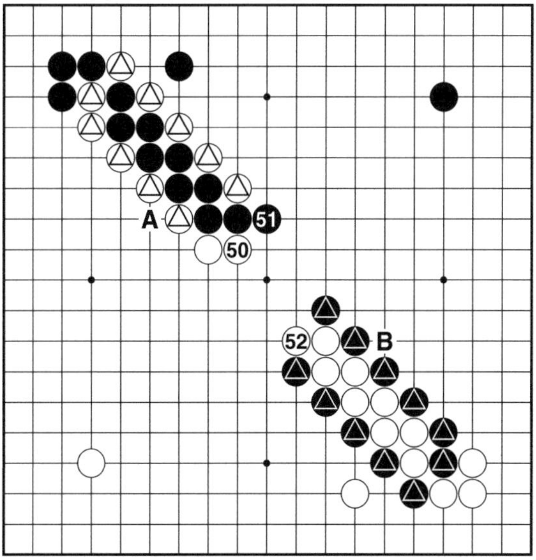

Abbildung 3 (50-52)

beispielsweise A gegen B ab, dann sieht die Partie recht knapp aus und Schwarz hat vermutlich die Komi verspielt. Zählt man außerdem die auf beiden Seiten verstreuten Splittersteine, so sind es bei Schwarz elf und bei Weiß nur zehn (siehe markierte Steine). Schwarz hat folglich einen uneffizienten Stein mehr auf dem Brett.

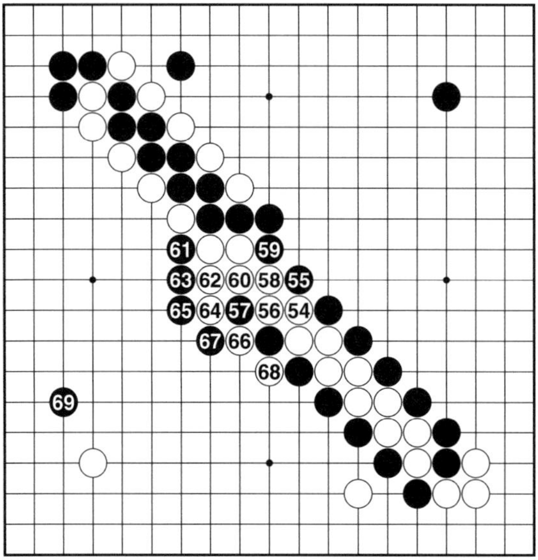

Abbildung 4 (53-69)

Abb. 4 (53-69) Etwas günstiger für Schwarz
Schwarz hält konsequent an der Treppe fest, obwohl er Weiß nicht fangen kann. Das vergrößert zwar das schwarze Opfer, aber er hofft dadurch, die Steine 61, 63 und 65 als Ausgleich in Vorhand spielen zu können.

Nach der Partie gingen einige Profi-Kollegen die Partie mit uns durch und meinten, dass die drei Vorhand-Züge recht groß seien und Schwarz daher leicht in Führung liege.

Abb. 5 (70-83) Ein waghalsiger Raubzug
Vermutlich dachte Hanawa ebenfalls, dass Weiß hier bereits zurückliegt, und brach daher mit 70 und 72 zu einem waghalsigen Raubzug im gegnerischen Gebiet auf. Schwarz kann Weiß mit dieser Unverschämtheit nicht durchkommen lassen. Folglich ist der Angriff mit 73, 75 und 79 Pflicht. Wenn möglich, will Schwarz die ganze Gruppe schlucken.

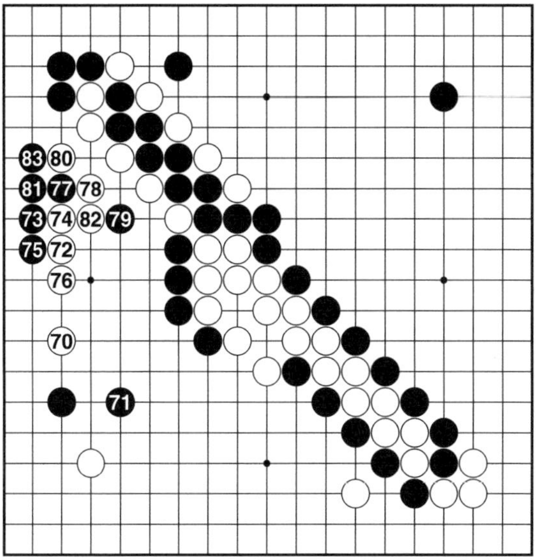

Abbildung 5 (70-83)

Abb. 6 (84-88) Ein wenig Besorgnis erregend

Schwarz 87 ist natürlich, denn wenn er hier fernbleibt, kann Weiß auf A verbinden. Schwarz versucht Weiß einzuschüchtern, aber mit 84 bis 88 lehnt sich Weiß gegen seinen Peiniger auf. Nun kam Sorge um meine eigene Sicherheit in mir auf.

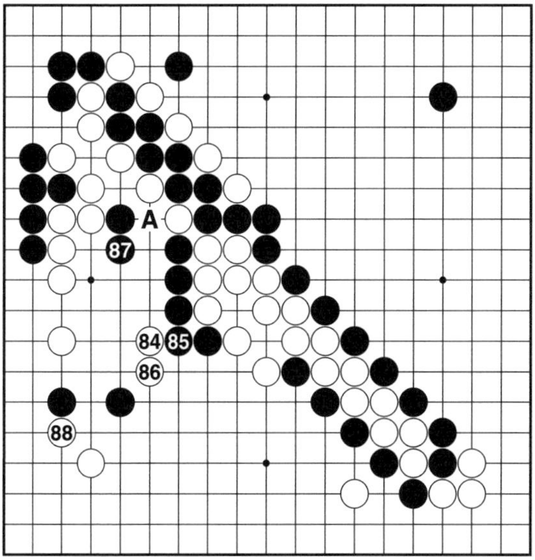

Abbildung 6 (84-88)

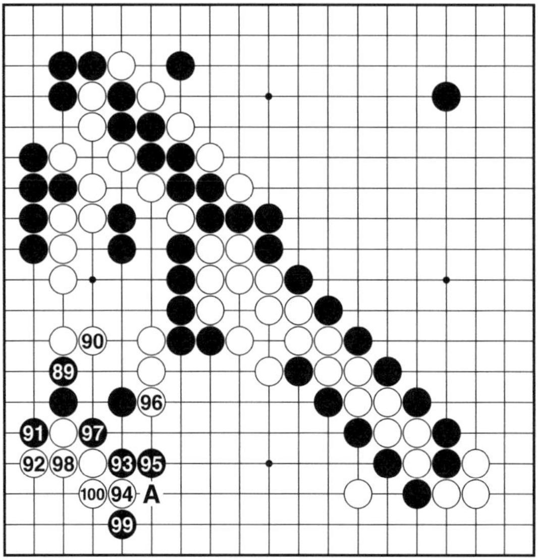

Abbildung 7 (89-100)

Abb. 7 (89-100) Die weiße Gruppe ins Visier genommen
Schwarz kneift nicht vor dem Kampf. Mit 89, 91 und 93 führt er einen Scheinangriff gegen die weiße Gruppe in der linken unteren Ecke, aber das eigentliche Ziel ist die Gruppe darüber.

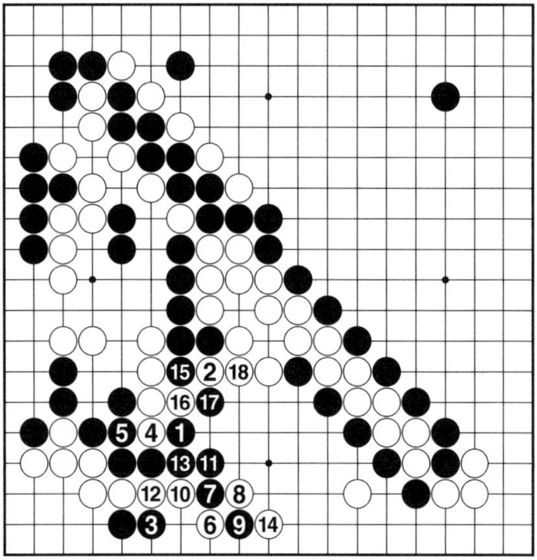

Abbildung 8 (101-118)

Schwarz 99 ist Tesuji: Weiß hat keine andere Wahl, als mit 100 nachzugeben. Wenn Weiß stattdessen auf A streckt, schneidet Schwarz auf 100. Da die weiße Gruppe am linken Rand keine zwei Augen hat, kann Weiß sich diesen Kampf nicht leisten.

Abb. 8 (101-118) Verwirrung herbeiführen
Schwarz greift nun mit 1 und 3 an und Weiß antwortet mit der heftigen Gegenwehr von 4 und 6. Dieser Kampf, entstanden aus einfachen Umständen, entwickelt sich schnell zu einem Kampf um Leben und Tod. In der Abfolge bis 14 nimmt Weiß die Steine am unteren Rand mit, aber Schwarz kontert mit dem Schnitt auf 15 und 17.

Was ist nun nach Weiß 18 der beste Zug für Schwarz?

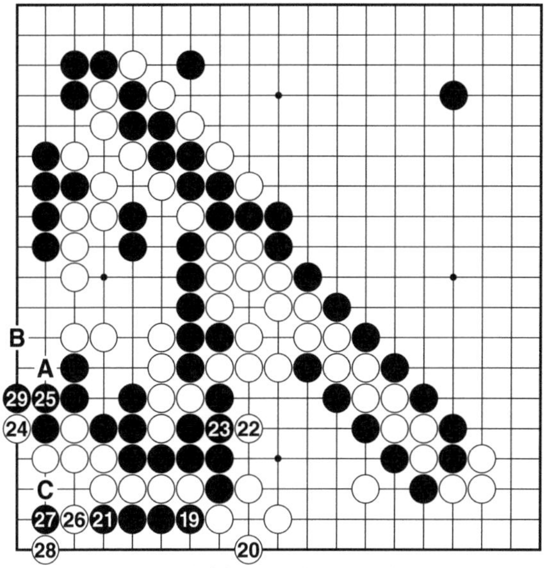

Abbildung 9 (119-129)

Abb. 9 (119-129) Gnadenstoß
Schwarz rettet seine Gruppe außen, indem er Weiß von innen angreift. Schwarz 19 und 21 bringen ihn aus der Gefahrenzone. Wenn Schwarz lebt, dann ist Weiß automatisch tot.

Vergeblich sucht Weiß eine Rettung mit 24. Weiß auf 25 würde Schwarz hier sogar noch mehr helfen, denn dann kann er mit Schwarz A, Weiß 24 und Schwarz B oben anbinden. Weiß spielt gegen alle Hoffnung mit 26 weiter und Schwarz 27 bringt schließlich den Gnadenstoß.

Weiß muss nun mit 28 Augenform machen, aber auf Schwarz 29 hat er keine Antwort mehr. Schwarz bindet nun entweder mit B an die Gruppe am oberen Teil des Randes an oder er fängt mit C die weiße Ecke.

Weiß gibt nach Schwarz 129 auf.

Ich weiß nicht, ob dies meine beste Partie ist, die ich je gespielt habe, aber es ist ganz sicher die ungewöhnlichste von allen.

Fujisawa Shuko vs. Sakata Eio

Ein jeder Go-Spieler möchte sicher einmal zwei Top-Profis live beim Spielen erleben.

In der Eröffnung agieren die Profis wie Architekten oder wie Künstler, die die ersten Skizzen für ein Bild ausarbeiten. Die Spieler werden so aufgesogen von den Ideen und Gedanken ihres Spiels, dass sie gut Stunden über die ersten Züge brüten können. Ein schönes Beispiel ist die Partie Kajiwara gegen Hashimoto in „Die Muscheln sind schwer“. Selbst wenn eine Partie nach außen hin friedlich und sanft wirkt, so tobt im Inneren der Spieler ein wilder Sturm verwirrender Intrigen und Ränkespiele.

Im Mittelspiel gleicht der Go-Spieler einem Boxer, der sich voll von Adrenalin und Kampfgeist im Ring bewegt. Jetzt entflammen die Kämpfe, in denen es heißt, töten oder getötet werden, und führen das Spiel von einem Höheunkt zum anderen. Wenn jetzt einer der Spieler einen tödlichen Schlag einsteckt und zum Rückzug gezwungen wird, dann kann sich der Gegner eines schnellen und sauberen Sieges erfreuen. Wenn solche spektakulären Kämpfe um Alles oder Nichts auf dem Brett entbrennen, dann können die Zuschauer ihre Augen nicht abwenden und starren wie gebannt in das lodernde Feuer.

Im Endspiel arbeiten die Profis wie Hochleistungscomputer. Ist es ein Unentschieden? Ein Sieg um einen oder einen halben Punkt? Selbst die Spieler wissen es nicht. Jeder Zug könnte die Entscheidung bringen, die Zeit ist bereits aufgebraucht und die letzte Minute des Byoyomi rennt dahin. „Fünfzig Sekunden, eins, zwei, drei, vier, fünf, sechs...“ wird die unerbittliche Stimme durch den Raum hallen, die die verbleibenden Sekunden laut ansagt. Wenn sie die „zehn“ erreicht, ist die Partie automatisch entschieden – Niederlage auf Zeit. Mit einem Schmerzensschrei wird der Stein gesetzt. Die Zeit läuft noch, doch jeden Moment kann das Spiel zu Ende sein. Die Spannung lässt das Blut gefrieren. Ich bin mir sicher, der Leser möchte dabei sein!

Jede große Zeitung – die Asahi, die Mainichi, die Yomiuri, die Sankei, die Red Flag sowie viele andere – führt zur Freude der Leserschaft ihre eigene Go-Kolumne in Zusammenarbeit mit dem Nihon Kiin oder dem Kansai Kiin. Go ist aber anders als Baseball oder Sumo, denn nicht jedermann versteht das Spiel auf Anhieb. Ganz besonders die Profi-Partien sind schwer verständlich; häufig entstehen Situationen, die sogar jenseits des Verstandes eines Meijin oder Honinbo sind.

Die Geheimnisse des Go werden dem Leser durch Go-Reporter erläutert, die alles zu verstehen vorgeben, was in den Partien geschieht. Durch die Kraft ihrer Worte, die sie zu Papier bringen, kann der Leser die Erfahrung, die Anspannung und die Verzweiflung des Wettkampfes miterleben, als wäre er selbst dabei gewesen. Die Kunstfertigkeit dieser Reporter bestimmt das Interesse und die Begeisterung für ein Turnier, denn – um ein wenig zu übertreiben – sie lassen das Spiel in bunten Farben erblühen. Ihre Verantwortung ist groß.

Um die Wahrheit zu sagen, ich selbst bin auch ein Go-Reporter. Ich wurde von einem Redakteur der Asahi „angeworben", der meinen Aufsatz „Die Muscheln sind schwer" gelesen hatte und so kam es, dass ich meinen unbedeutenden Pinsel für die Go-Kolumne der ehrenwerten Asahi schwingen durfte.

In einer Zeitungskolumne gibt es zahlreiche Einschränkungen wie zum Beispiel die Länge des Beitrages. Wenn man den ganzen Tag, vom frühen Morgen bis späten Abend, oder auch bis zum nächsten Morgen neben dem Brett eine Partie beobachtend verbracht hat, dann möchte man dem Leser so viel erzählen. Damit ergibt sich das größte Problem eines Go-Reporters, nämlich das der Auswahl.

Ich möchte den Lesern gern meinen Lieblingskommentar für die Asahi präsentieren. Ich hoffe, dass es trotz der genannten Einschränkungen gelingen wird, sowohl die Spannung als auch die Atmosphäre des Spiels auf den Leser zu übertragen. Dieser Kommentar kann jedoch, wie die Spitze eines Eisberges, nur einen kleinen Ausschnitt dieser Partie darstellen.

Datum:	11. März 1976
Ort:	Raum des stillen Lichts im Nihon Kiin, Tokio
Turnier:	Meijin-Liga
Schwarz:	Fujisawa Shuko 9. Dan
Weiß:	Sakata Eio 9. Dan
Komi:	5,5
Zeit:	6 Stunden pro Spieler

Der Turnierraum misst gut zehn Tatami-Matten (eine entspricht etwa zweimal zwei Meter) und ist im japanischen Stil eingerichtet. Zwei Go-Tische stehen nebeneinander. Auf dem Ehrenplatz des ersten Tisches, dem Sitz vor dem verzierten Alkoven, sitzt Rin Kaiho Judan. Ihm gegenüber wartet sein Gegner Yamabe Toshiro 9. Dan. Sakata Eio 9. Dan sitzt auf dem Ehrenplatz am zweiten Tisch, ihm gegenüber Fujisawa Shuko 9. Dan.

Zwischen den beiden Go-Tischen, an ein kleines Pult gequetscht, sitzt für die Partiemitschriften Aizawa Kaoru (damals Insei der C2-Klasse, oder im alten System 7. Profi-Kyu, heute 1. Dan). Nahe bei der Tür steht ein zweiter kleiner Tisch. Hier sitzen Ashura, der alte Veteran der Asahi, und der Novize Nakayama.

Auftritt der Rivalen

Es gibt einige berühmte Paare von Rivalen in der Geschichte des Go, zum Beispiel Genjo und Chitoku in den älteren und Go Seigen und Kitani in den neueren Zeiten, die ihre Schwerter in ebenso zahlreichen wie berühmten Kämpfen gekreuzt haben. Für das erste Paar hat man siebenundsiebzig Partieaufzeichnungen gefunden und der Zufall will es, dass auch das zweite Paar siebenundsiebzig aufgezeichnete Begegnungen vorweisen kann.

Wenn man heute ein zeitgenössisches Paar von Rivalen wählen wollte, dann ständen Sakata und Fujisawa Shuko an der Spitze. Diese beiden Spieler haben eine ganze Reihe klassischer Partien hervorgebracht, indem sie im Juketsu-Turnier in den 1950er Jahren und im Meijin-Titelkampf in den 1960er Jahren aufeinander trafen. Ich war damals Partieaufzeichner für die letzte Partie des Meijin-Titelkampfes im Jahr 1963, in der Sakata den exzellenten Zug 120 spielte und Shuko, völlig erschöpft von dem Wettstreit, nach der Partie nicht mehr die Kraft hatte, sich zu erheben. Es war ein wahres Bild eines Sieges durch Knock-out und hat sich in meiner Erinnerung tief eingebrannt.

Dreizehn Jahre sind seitdem vergangen, aber vom Platz des Beobachters aus scheinen sich die beiden – bis auf ein, zwei graue Haare am Haaransatz – nicht verändert zu haben. Ihr Kampfgeist war vermutlich ebenso unverändert, obwohl ihre Haltung beim Betreten des Raumes locker und ungezwungen erschien.

Dennoch waren beide besorgt, denn es war klar, dass es keine ruhige Partie geben würde. Diese Partie, die Eröffnung der Liga, war ein bedeutendes Ereignis. Die Anspannung der Spieler versprach, dass die Erwartungen der Zuschauer nicht enttäuscht würden.

Zwei Minuten vor der festgelegten Startzeit nahmen die beiden Spieler ihren Platz ein. Sie tauschten Grüße mit den Go-Reportern aus, sprachen aber kein einziges Wort miteinander. Jeder schien die Augen des anderen zu vermeiden.

Als das Startsignal ertönte, schaute Shuko zu Aizawa und fragte, um ganz sicher zu gehen: „Die Farben sind festgelegt, oder?“[1]

1 In der Meijin-Liga werden die Farben der Spielsteine vor Beginn der Liga festgelegt.

Dann setzte Shuko den ersten Stein. „Es ist warm heute.", sprach Sakata beim Setzen des zweiten Steines.

Die Asahi hatte Kobayashi Koichi 7. Dan gebeten, den Kommentar zur Partie zu schreiben. Offensichtlich war es ihm unangenehm, eine Partie zu kommentieren und notwendigerweise auch zu kritisieren, die zwei Spieler austrugen, die weit über ihm standen (Kobayashi war damals vierundzwanzig Jahre alt, Shuko fünzig und Sakata sechsundfünzig). Aber als er einmal die Aufgabe übernommen hatte, da widmete er sich ihr mit seiner ganzen Energie. Er hat vermutlich mehr Zeit damit zugebracht, die Partie zu analysieren, als die Spieler gebraucht haben, sie zu spielen. Seine offenen und kecken Kommentare haben daher Hand und Fuß.

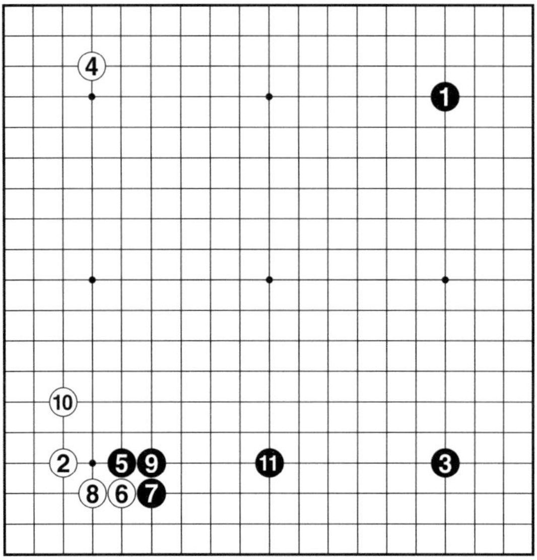

Abbildung 1 (1-11)
Zeit: Schwarz 7 Minuten, Weiß 3 Minuten

Einfluss und Gebiet

Nakayama Noriyuki: „Was geschieht, wenn Schwarz mit 13 den normalen Zug auf A spielt?"

Kobayashi Koichi: „Schwarz A, Weiß B, Schwarz 14 und Weiß C würden ein entspanntes Spiel bedeuten. Das wäre aber entgegen der ursprünglichen Strategie eines Niren-sei (zwei Steine auf den Sternpunkten am rechten Rand: 1 und 3), die darauf angelegt ist, Einfluss aufzubauen und als Vorbereitung für Kämpfe dient.

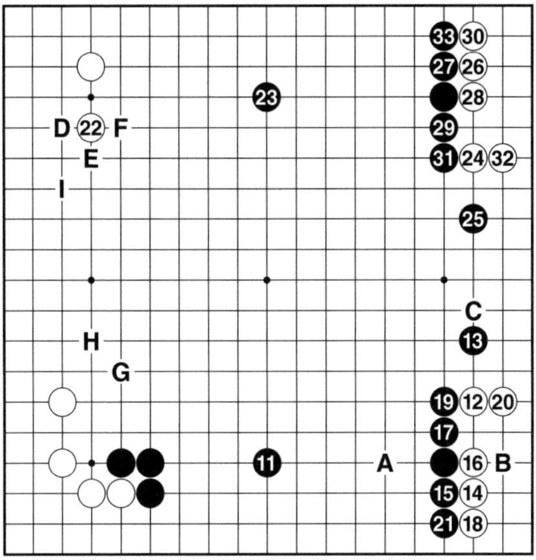

Abbildung 2 (11-33)
Zeit: Schwarz 40 Minuten, Weiß 23 Minuten

Weiß 22 gefällt mir nicht, denn er überläßt Schwarz den großen Punkt auf 23, der nicht nur das schwarze Moyo ausbaut, sondern auch die schwarzen Positionen am unteren und oberen Rand ideal zusammenbringt. Wie wäre es, mit 22 selbst auf 23 zu spielen? Wenn Schwarz D, dann Weiß 22, Schwarz E, Weiß F. Das scheint mir eine deutlich offeneres Spiel zu sein."

NN: „Nach der Partie hatte Sakata gefragt, an welcher Stelle das Spiel schwierig für ihn wurde."

KK: „Es ist sehr gut möglich, dass es schon hier begann. Es ist Sakatas Stil, erst sicheres Gebiet zu nehmen und dann seinem Ruf als Shinogi[2]-Experte alle Ehre zu machen.

Shukos Zug auf 33 verstehe ich nicht. Die Bedeutung dieses Zuges ist es, Gebiet zu sichern. Aber der obere Rand ist noch von der linken Seite offen. Einen solch defensiven Zug so früh in der Partie zu spielen, erscheint mir viel zu unausgewogen – Shuko möge mir diese Kritik verzeihen."

NN: „Nein, ich denke ich verstehe, was du meinst. Wo sollte Schwarz also stattdessen spielen?"

KK: „Ich hätte 33 gern auf G gespielt. Es ist erstaunlich schwer für Weiß, eine gute Antwort zu finden. Wenn er die übliche

2 „Shinogi" ist die Kunst, schwache Gruppen zu retten, die angegriffen werden oder kurz vor dem Tod stehen.

Antwort mit H spielt, dann ist der Annäherungszug auf I genau richtig für Schwarz. Irgendwie ist Schwarz 33 zu kleinlich – es sieht nicht nach einem richtigen Shuko-Zug aus."

Angriff und Verteidigung

Ein sonderbares und gleichsam schönes Fuseki wurde auf dem Brett ausgelegt. Rechts oben und unten haben die Spieler das gleiche Joseki gespielt, Weiß besitzt alle vier Ecken und Schwarz hat ein riesiges Moyo aufgezogen, das sich vom oberen Brettrand bis zur unteren Brettkante erstreckt.

Auch die Spieler mussten die Stellung sonderbar finden, denn den Zug 33 betrachtend sagte Sakata: „Ich gebe zu sehr meinen Neigungen nach." Shuko lachte leise.

Auf jeden Fall war nun der Charakter des Spieles entschieden. Weiß hat zehn Punkte rechts oben, zehn rechts unten, weitere fünfzehn links unten und fünfzehn oben links. Mit weiteren fünf Punkten für die Komi ergibt dies eine Summe von 55 Punkten.

Schwarz hat noch kein festes Gebiet, aber wenn Weiß keine drastischen Maßnahmen ergreift, dann kann er ganz schnell gute hundert Punkte machen. Folglich war eine weiße Invasion unvermeidbar, was zu dem üblichen Muster führte: Shuko greift an, Sakata wehrt ab.

Weiß begann die Operation mit dem Hane auf 34, aber Schwarz konterte mit der cleveren Kombination aus 43 und 45, welche Weiß davon abhielt, in die obere Gebietsanlage vorzudringen. Weiß 46 auf A zu spielen ist nicht effektiv, denn Schwarz zieht mit B zurück.

Weiß hat keine andere Wahl, als mit 46 die Flucht anzutreten und Schwarz mit 47 verteidigen zu lassen. Aber Kobayashi sah das kritischer.

„Schwarz 47 ist Honte (ein sachgerechter, einwandfreier Zug), aber ich denke, es ist besser, erst mit C in das Loch zwischen 42 und 46 zu schauen. Wenn Weiß daraufhin D spielt, Schwarz E, Weiß F und Schwarz G, so sichert sich Schwarz Gebiet während er gleichzeitig angreift. C sieht ungehobelt aus, aber Weiß hat keine Chance, eine solide Basis am oberen oder unteren Rand zu etablieren. Diese Variante wäre viel härter für Weiß als der Lauf der Partie." Kobayashi versicherte, dass er von dieser Variante überzeigt sei.

„Weiß 50 und 52 nehmen Druck von Weiß. Jetzt kann Weiß einen richtigen Kampf beginnen." Shuko nahm sich dreißig Minuten für Schwarz 53, eine lange Zeit für seine Verhältnisse. In

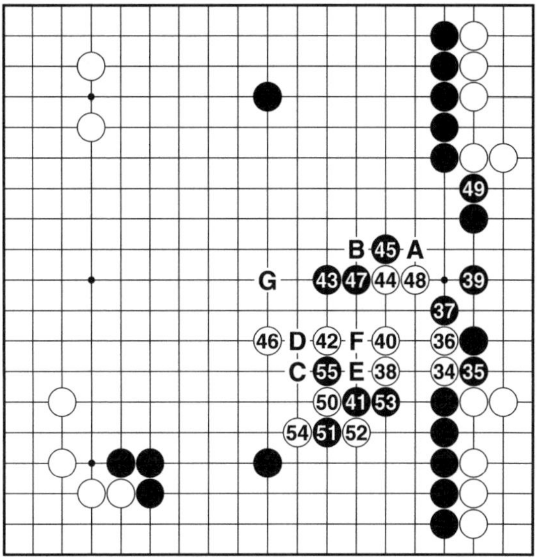

Abbildung 3 (34-55)
Zeit: Schwarz 1 Stunde 40 Min., Weiß 2 Stunden 10 Min.

diesem Zug lag eine gefährliche Strategie verborgen. Sie trat zu Tage, als Schwarz nach Weiß 54 resolut mit 55 Atari gab. Schwarz schien zu rufen: „Nimm das Ponnuki! Nimm dir doch, was du willst!"

Es verwundert nicht, dass Sakata eine lange Zeit über seinen nächsten Zug nachgrübelte. Sakata schien überrascht über den aggressiven Angriff. Ein kleiner Aufschrei ging ihm über die Lippen. „Wo bin ich hier reingeraten?"

Zwanzig Minuten hatte Sakata bereits über den schwarzen Zug nachgedacht, als er leise zu sich sprach: „Ich bin vernichtet." Doch seinem Fächer in den Händen hin- und herdrehend, verbrachte er eine weitere, quälend lange Stunde damit zu, sich seinen nächsten Zug zu überlegen.

Nach der Partie sagte Sakata, dass er vielleicht besser mit 1 in Diagramm 1 (nächste Seite) hätte schlagen sollen. Er dachte, dass die Abfolge bis 11 ganz vernünftig für ihn wäre. Aber Kobayashi lehnte diese Meinung ab. „Nach Weiß 11 kontert Schwarz mit A – ein Tesuji, das Kato vorschlug – und die Lage sähe für Weiß nicht so einfach aus. Weiß 56 in der Partie ist deutlich schärfer und kraftvoller."

Shuko schien sehr zuversichtlich als er 59 spielte. Weiß muss mit 60 antworten, um Schwarz A zuvor zukommen. Dass er Shuko

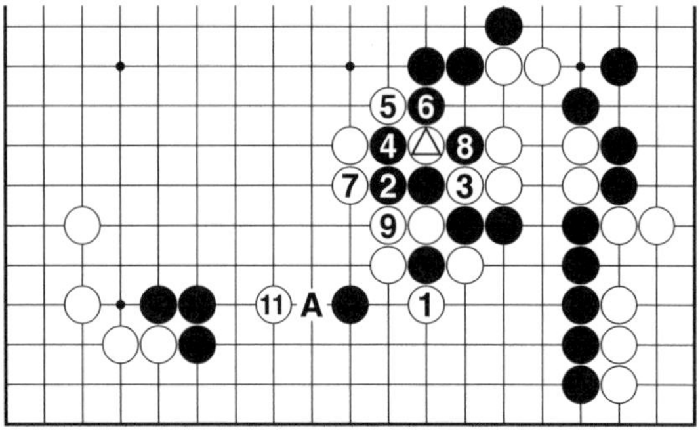

Dia. 1 (10 verbindet)

nun sechs weiße Steine fangen ließ, stimmte Sakata pessimistisch und er murmelte: „Ich habe fürchterlich viel Zeit verbraucht. Das zeigt, wie hoffnungslos mein Go ist.“

Am Nachbarbrett mussten Rin und Yamabe laut lachen, was Sakata noch mehr zu verärgern schien. „Ihr habt euch einen seltsamen Zeitpunkt zum Lachen ausgesucht. Da sage ich einmal die Wahrheit, und schon werde ich ausgelacht.“ Bei solchen Worten war es schwer, nicht zu lachen, denn sie kamen von jenem, der vermutlich mehr von Go verstand als irgend jemand anderes in Japan.

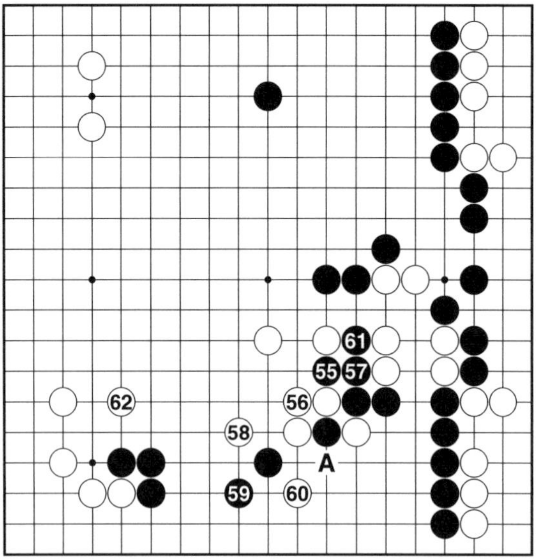

Abbildung 4 (56-62)
Zeit: Schwarz 1 Stunde 41 Min., Weiß 3 Stunden 47 Min.

Sakata schaute zu dem Reporter, der emsig auf seinem Notizblock schrieb. „Oh mein Gott, jetzt schreibt er das auch noch in seinen Kommentar.“ Jetzt mussten sie alle lachen – Rin, Yamabe, der Assistent und die Reporter. Nur Shuko starrte weiter grimmig auf das Brett und schien nichts mitzubekommen.

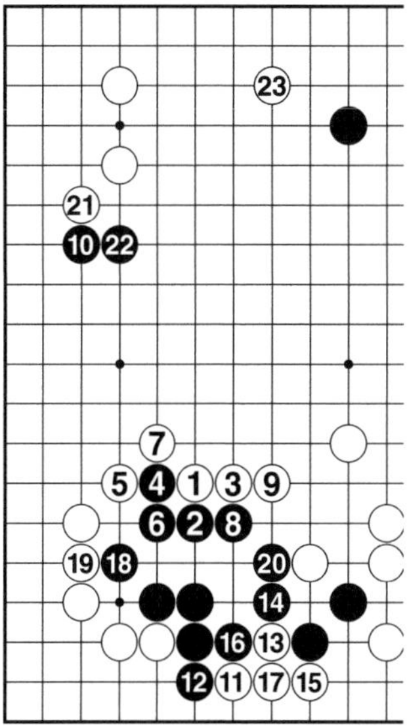

Dia. 2

Kobayashi kommentierte Weiß 62 als äußerst zweifelhaften Zug. „Wenn Sakata sich in seiner Position nicht wohl gefühlt hat, dann lag es an Weiß 62. Der Zug ist schlecht: er gibt Schwarz die guten Züge auf 63 und 67 und ermöglicht somit die schwarze Flucht in die Brettmitte. Statt 62 würde ich es bevorzugen, Schwarz wie in Diagramm 2 einzuschließen. Schwarz lebt in der Abfolge bis 8 in Vorhand, wechselt dann zu 10 und nach der Entwicklung bis 23 sieht die Stellung für Weiß durchaus günstig aus.

Ich habe diese Fortsetzung mit verschiedenen Profis durchgespielt und Weiß kam stets gut dabei heraus. Wie wäre es, Nakayama, willst du es auch einmal versuchen?“ Das sind Kobayashis Witze. Ich mag ja manchmal etwas dreist sein, aber ich habe kaum den Mut, es mit einem wie Kobayashi aufzunehmen. Was für ein Kommentator!

„Weiß 68 macht das Spiel noch schwieriger für Weiß. Er fängt bis 86 vier Steine, aber das Gebiet dehnt sich kaum um fünfzehn Punkte aus. Nach Schwarz 87 gibt es somit nur wenig Hoffnung für Weiß. Um sich selbst ins Spiel zu bringen, hätte Weiß mit 68 auf 87 spielen sollen.“

Shuko hat die weiße Gruppe in der Brettmitte mit 87 eingeschlossen, um sie nun umzubringen. Auf den ersten Blick sieht es so aus, als wenn Weiß keine Hoffnung auf ein Überleben hätte. Wenn die weiße Gruppe stirbt, dann verfügt Schwarz über ein gigantisches Gebiet: fünf Linien breit, neunzehn Linien hoch. Das sind fünfundneunzig Punkte!

Das Kriegsglück hat sich eindeutig gegen Weiß gewandt. Auch Go Seigen, der die Partie im Nachbarraum verfolgte, sprach von einem klaren Sieg für Schwarz, als er Schwarz 87 sah.

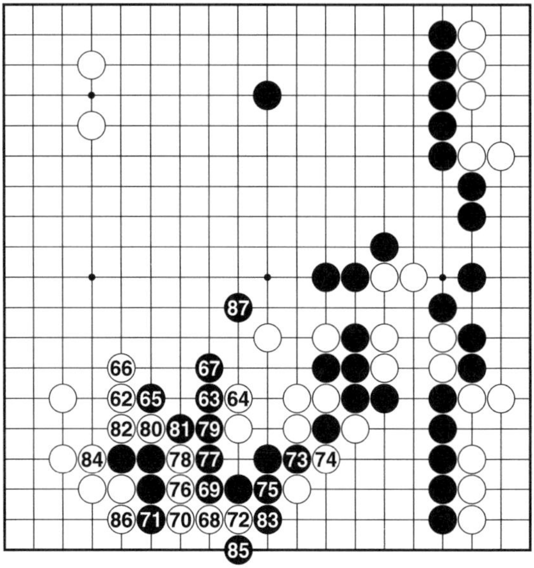

Abbildung 5 (62-87)
Zeit: Schwarz 3 Stunde 36 Min., Weiß 4 Stunden 49 Min.

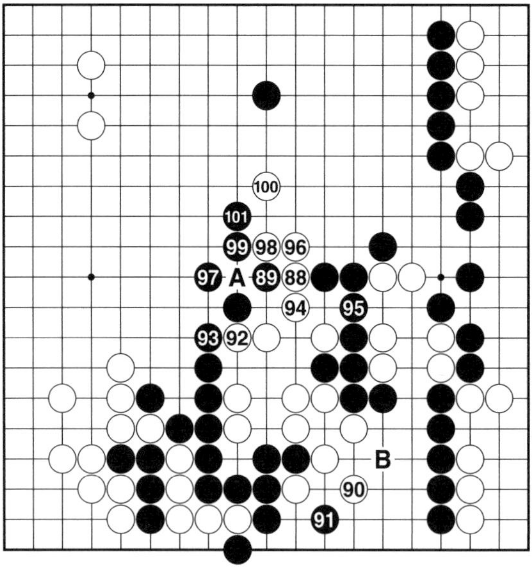

Abbildung 6 (88-101)
Zeit: Schwarz 5 Stunde 2 Min., Weiß 5 Stunden 29 Min.

Aber Shuko schaute immer noch sehr ernst, denn sein Gegner war immerhin Sakata, der berüchtigte Retter von halbtoten Gruppen und Gruppen in Gefahr. Er starrte mit Widerwillen auf die große weiße Gruppe und klopfte sich auf den Kopf. „Es ist zum verrückt werden." murmelte er und verließ den Raum.

Sakata konnte in keiner schlimmeren Situation sein. Über das Brett gebeugt, wiederholte er wie im Delirium Dutzende Male „Meine Gruppe ist tot, meine Gruppe ist tot." Dann setzte er sich wieder aufrecht hin, spielte Weiß 88 und verschränkte die Arme. Es war, als wollte er seinen Gegner zum Schlimmsten herausfordern.

Kobayashi hatte Zweifel an Schwarz 89. Wenn Schwarz die weiße Gruppe fangen wollte, dann wäre der Zug auf A richtig gewesen, auf den Weiß mit 89 und Schwarz wiederum mit 99 reagieren würde. Übungen mit seinen Schülern zufolge, gab es hier für Weiß keinen Weg, um zu leben.

Schwarz 91 ist ein schwieriger Punkt. Stattdessen könnte Schwarz auch mit einem Zug auf 92 oder auf B angreifen.

Für Schwarz 95 hätte sich auch 1 in Diagramm 3 angeboten, denn Schwarz 15 eröffnet die Option eines Ko in der weißen Ecke rechts unten. Aber anscheinend mochte Shuko diese Variante aufgrund des potenziellen Schnittes auf A nicht.

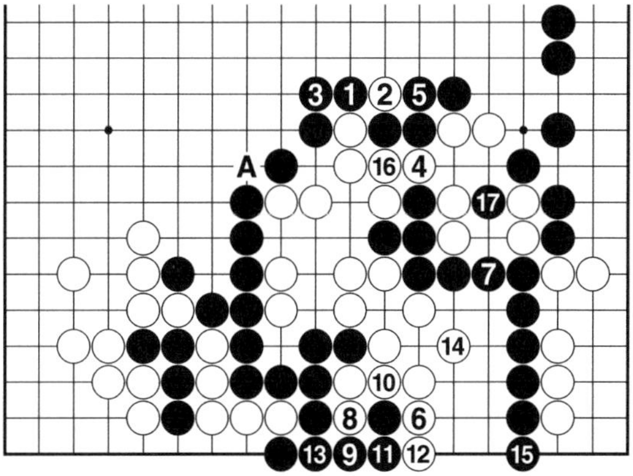

Dia. 3

Schwarz 95 schaltet einen bedeutenden Unsicherheitsfaktor aus, denn hier drohte allerlei unangenehmes Aji (latente Gefahr). Schwarz zwingt Weiß zu 96, der in das schwarze Territorium läuft, und verteidigt offensichtlich mit 97. Nein, er verteidigt nicht, er versucht weiterhin, die weiße Gruppe zu fangen. Man muss Shukos Nerven bewundern!

Gnadenlos vom Sturm hin- und hergeworfen, treibt der große weiße Wal in dem schäumenden Shuko-Ozean, den riesigen Körper mit dem Kopf voran gegen die tosenden Wellen werfend. „Mein Feind wird mich mit seiner unglaublichen Macht sicher zerstören." jammert der Wal.

„Warum muss ich jedes Mal übertreiben?" murmelt der Ozean.

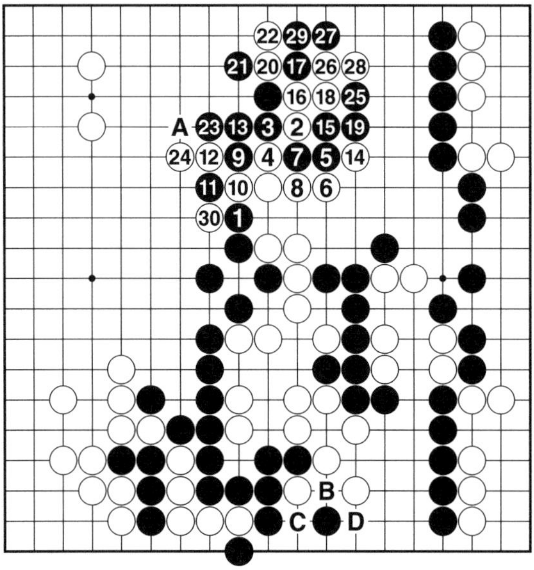

Abbildung 7 (101-130)
Zeit: Schwarz 5 Stunde 27 Min., Weiß 5 Stunden 54 Min.

Das Spiel stürzte in Verwirrung, als Weiß 102 spielte. Sakatas Zeit war bis auf zehn Minuten abgelaufen, für Shuko hatte die letzte Stunde begonnen – es war wie ein Schwertkampf in tiefschwarzer Nacht.

Shuko erklärte nach dem Spiel, dass er sich für Schwarz 103 die Alternativen in Diagramm 4 und 5 überlegt hatte, aber selbst nachdem die Spieler diese Varianten gemeinsam untersucht hatten, konnten sie zu keinem klaren Ergebnis kommen.

Weiß 114, 116 und Schwarz 117, 119: Jede Seite testet den anderen, hofft auf die Chance, einen Vorteil zu erringen. Wenn Schwarz 125 auf 129 spielte, um zwei Steine zu fangen, dann würde seine Stellung nach Weiß auf 127 zusammenbrechen.

Die Abfolge Weiß 112 bis Schwarz 129 ist eine Einbahnstraße, eine unausweichliche Sequenz, die gleichzeitig beachtliche Kampftechniken zur Schau stellt.

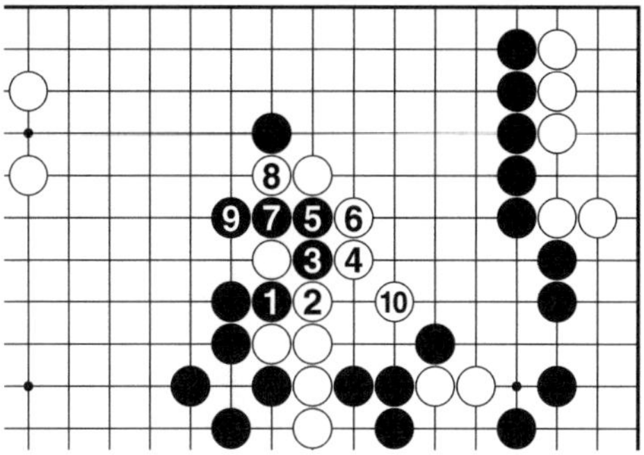

Dia. 4

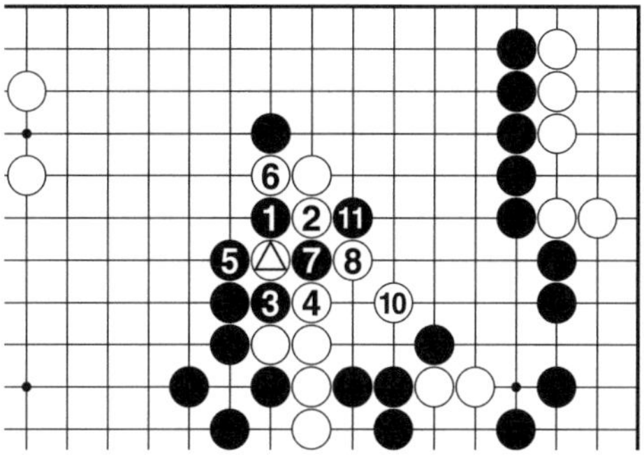

Dia. 5 (9 verbindet)

Weiß hat es nicht geschafft, eine Augenform am oberen Rand zu bilden, daher bleibt nur der Schnitt auf 130, um den wichtigen Schnittstein Schwarz 111 zu fangen. Dank des Opfers am oberen Rand ist Weiß A nun Vorhand und je nachdem wie es weitergeht, kann Weiß vielleicht auf B, Schwarz C und Weiß D spielen und so ein Wettlauf um Leben und Tod mit der großen schwarzen Gruppe beginnen.

Mit dem Schnitt auf 130 sind die folgenden Züge erzwungen. Die Züge bis 146 wurden blitzschnell gespielt, nur Schwarz 147 war schwierig. Sakata, der seit Zug 134 im Byoyomi war, seufzte als er 147 sah. „Das ist ein cleverer Zug. Den habe ich nicht gesehen."

Für Zug 148 verbrauchte Sakata seine letzten zwei Minuten, was ihn in die letzte Byoyomi-Minute brachte.

An dieser Stelle musste Shuko sich irgendwie verrechnet haben, denn als er Weiß 154 bis 158 sah, schien er die Hoffnung auf einen Sieg verloren zu haben. Schwarz 159 ist der Zug, der die Partie verliert. Als Sakata ihm gleich nach dem Ende der Partie, die Abfolge in Diagramm 6 (Seite 95) zeigte, konnte Shuko nur noch stöhnend den Kopf schütteln.

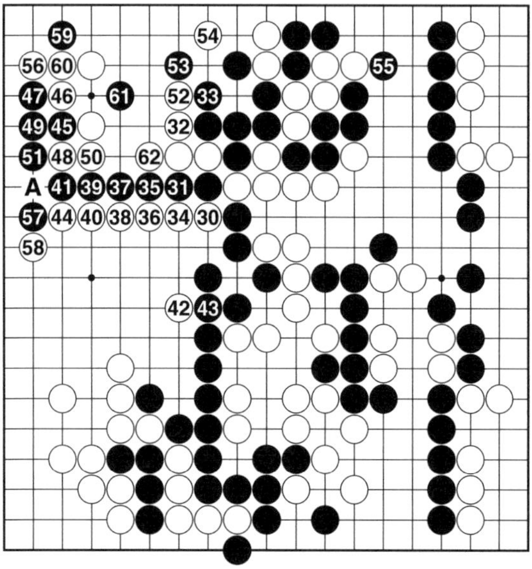

Abbildung 8 (130-162)
Zeit: Schwarz 5 Stunde 38 Min., Weiß 5 Stunden 59 Min.

Es war halb Zwölf. Shuko, der mit seinem Fächer in der Hand nachdachte, entfuhr ein Schrei als er Weiß 162 sah „Du Idiot!" Er nahm den Fächer in die andere Hand und drückte ihn in seinen Schenkel, als wolle er ein Loch hineinbohren. Er muss davon einen dicken, blauen Fleck davon getragen haben. Nach einem Moment der Stille entspannte sich seine Hand und der Fächer fiel zu Boden. Alle Kraft schien seinen Körper in diesem Augenblick zu verlassen. Mit leiser Stimme sagte er „Ich habe verloren."

„Ich bin beschämt über mein Spiel." entgegnete Sakata. „Ich dachte letzten Endes, ich bin erledigt. Als ich sah, dass Schwarz 159 auf 161 spielen kann, wäre mir keine andere Wahl geblieben, als mit 152 auf A zu schneiden."

Für Fujisawa Shuko war dies die Partie der verpassten Chancen. Das ganze Spiel hindurch hatte er das Brett dominiert und den Gegner in Schach gehalten, aber am Ende verlor er doch. Zahlreiche Möglichkeiten hatten sich geboten, die Partie einfach zu beenden, aber jedesmal kam er an einen Punkt, wo er sich für den schwierigeren von zwei Wegen entschied.

Shuko hat auch die beiden vorangegangenen Partien, in denen er in diesem Jahr gegen Sakata angetreten war, verloren. Von dem, was ich gehört habe, waren es beides gute Partien für Shuko.

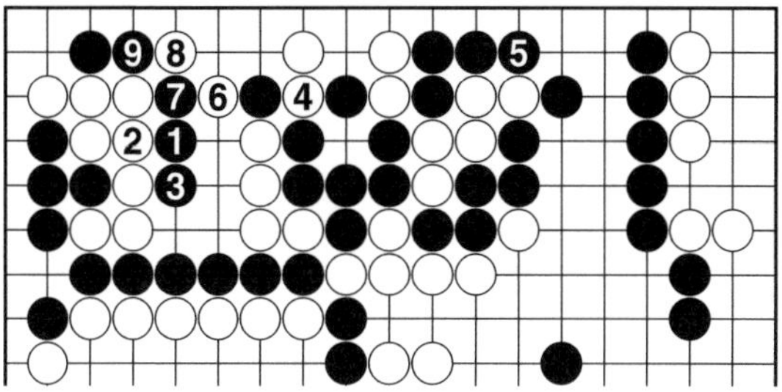

Dia. 6

Diese stellte nun die dritte Niederlage in Folge dar. In Angesicht dieser entscheidenden Partie, die er sich nicht erlauben konnte zu verlieren, wurde sein Kampfgeist entfacht. Wahrscheinlich hat er gespürt, dass er seinen Gegner in dieser Partie vernichten müsse, um einen psychologischen Vorteil ihm gegenüber zu erringen.

Ich möchte diesen Kommentar mit Sakatas Erläuterung zu Weiß 152 beenden, von dem er sagte, der Zug müsse auf A in Abbildung 8 gespielt werden. Kobayashi hat die Sequenz bis 123 in Diagramm 7 ausgearbeitet. Schwarz gelingt zwar das Leben mit 112 bis 114, doch Weiß gewinnt den Wettlauf der zwei großen Gruppen und gewinnt.

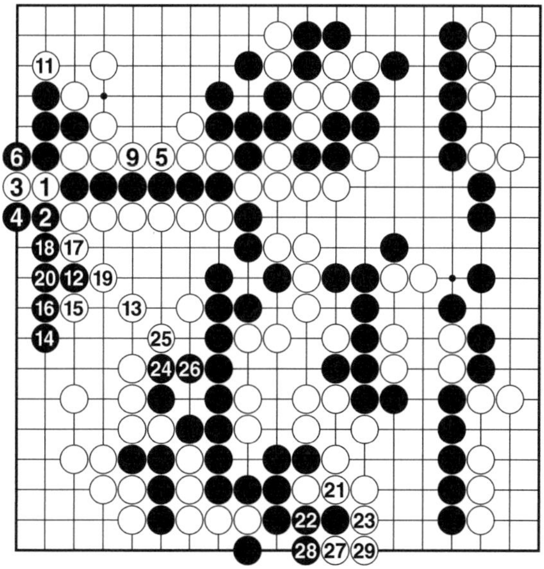

Diagramm 7
7 auf 1, 8 auf 3, 10 verbindet auf 1.

Kajiwara Takeo vs. Cho Chikun

Ich habe mit Kajiwara Takeo an einer ganzen Reihe von Büchern zusammengearbeitet. Ich schätze seinen Idealismus und seinen unermüdlichen Ehrgeiz, die Erforschung der Go-Theorie voranzutreiben und das ultimative Geheimnis des Spiels zu entschlüsseln. Zur gleichen Zeit habe ich zusammen mit Cho Chikun an der ersten Sammlung seiner Partien gearbeitet, die vom Nihon Kiin herausgegeben wurden, als er gerade einmal einundzwanzig Jahre alt war. So hatte ich die Möglichkeit, einen kleinen Einblick in die Welt dieses Genie zu erhaschen, bevor er später die großen Titel abräumte.

Die hier vorgestellte Partie zeigt die starken Seiten dieser beiden Spieler. Während die erste Hälfte eine großartige Demonstration des Kajiwara-Stils ist, zeigt die zweite Hälfte sehr eindrucksvoll, warum es die etablierten Go-Größen so schwer mit Cho Chikun haben.

Weiß:	Cho Chikun 7. Dan
Schwarz:	Kajiwara Takeo 9. Dan
Komi:	5,5
Zeit:	6 Stunden

3. Meijin-Liga. Gespielt am 6. April 1978.

Der Ehrenplatz

Die Partie ist die erste Begegnung zwischen Kajiwara und Cho in der Meijin-Liga. Kajiwara hatte bereits einige Male in der Liga mitgespielt, aber für Cho war dies das erste Mal. Katao Masao führte zu diesem Zeitpunkt die Liga mit drei aufeinander folgenden Siegen an. Ihm folgten Otake Hideo mit 3-1 und Hashimoto Utaro mit 2-1. Cho Chikun war nach einem 2-2 in der Mittelgruppe platziert, während Kajiwara einen unglücklichen Start erwischte und nur eine von vier Partien gewonnen hatte. Wenn Kajiwara nun auch diese Partie verlieren würde, wäre sein Verbleib in der Liga mehr als unsicher.

Am Tag der Partie, einem Donnerstag im April, hatte es schon früh am Morgen zu regnen begonnen. Cho hatte sich bereits auf dem niederen Platz, mit Blick auf den Alkoven, niedergelassen, als Kajiwara zwei Minuten vor Beginn der Partie erschien. Statt den Ehrenplatz einzunehmen, setzte sich Kajiwara neben Cho und bat ihn, die Plätze zu tauschen. „Du hast die weißen Steine, dann solltest du auch auf dem Ehrenplatz sitzen."

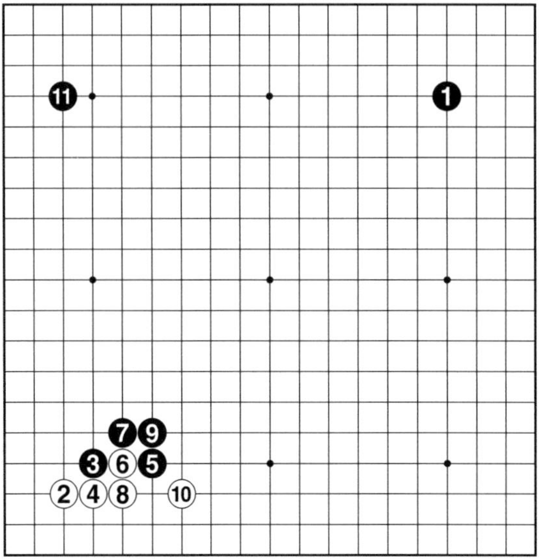

Abbildung 1 (1-11)
Zeit: Schwarz 33 Minuten, Weiß 9 Minuten

Doch Cho lehnte es ab, sich umzusetzen. Kajiwara fuhr drängend fort: „Auf diese Art muss der Assistent die Partie über Kopf mitschreiben." Wie der Leser in Abbildung 1 erkennen kann, liegt Schwarz 1 in der rechten oberen Ecke – entsprechend der üblichen Praxis. Der Assistent sitzt an der Seite des Go-Tisches, so daß er die Partie aus seinem Blickwinkel schon um neunzig Grad drehen muss.

„Immerhin ist es so vorgeschrieben." murmelte Kajiwara, als Cho sich widerwillig auf den anderen Platz setzte. Das Signal ertönte und beide Spieler setzten, nach dem Austausch der Grußformeln, ernste Gesichter auf und versanken in Stille.

Eine Minute verging. Kajiwaras erster Stein landete mit einem lauten Klack auf dem Brett. Beim dritten Stein begann er jedoch ernsthaft nachzudenken. Fünfzehn Minuten verbrauchte er für Schwarz 3. Das war ein gutes Zeichen, konnte man jetzt doch sicher sein, dass es ein interessantes und spannendes Spiel geben würde.

Kajiwaras Logik

Wenn Kajiwara erst einmal am Brett sitzt, dann ist er nur noch mit der Suche nach der Wahrheit beschäftigt. Sein Gegner und

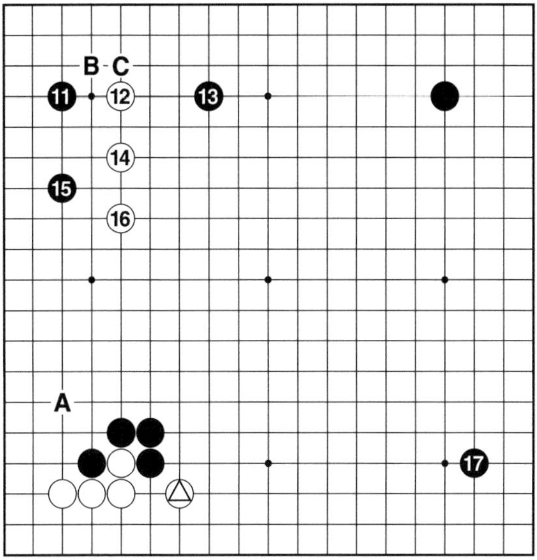

Abbildung 2 (11-17)
Zeit: Schwarz 1 Stunde 8 Min., Weiß 31 Minuten

sein Zeitlimit bleiben völlig unbeachtet. Auch in dieser Partie machte Kajiwara keine Ausnahme. Bereits im frühen Stadium der Eröffnung begann er lang und ausgiebig nachzudenken. Über was konnte er nur grübeln?

„Es gilt verschiedene Dinge abzuwägen. Zum Beispiel ist es ein sehr grundlegendes Problem, welche der noch freien Ecken mit Schwarz 11 besetzt werden sollte. Weiß ist am unteren Rand mit dem markierten Stein herausgesprungen, daher kann man in der rechten unteren Ecke nicht so viel erwarten. Folglich habe ich in der Ecke links oben gespielt. Wenn der markierte weiße Stein auf A stehen würde, dann wäre der linke Rand abgewertet werden und ich würde vermutlich in der Ecke rechts unten spielen."

Nakayama: „Aber Sensei, wenn die schwarze Stellung auf A noch offen ist, warum spielen Sie dann mit 11 so nah an der weniger interessanten Seite. Wäre es nicht logischer, etwas weiter entfernt zu spielen, zum Beispiel auf B oder C?"

„Da ist etwas Wahres dran. Aber das ist die Logik eines Go-Spielers, der nur einen Zug vorausschaut. Ich konnte nicht wissen, dass Weiß die letzte freie Ecke missachten und sofort einen Annäherungszug auf 12, der ja Punkte verliert, spielen würde. Ich erwartete, dass Weiß wie in Diagramm 1 (nächste Seite) die letzte freie Ecke nimmt, woraufhin ich als nächstes mit 3 eine passable

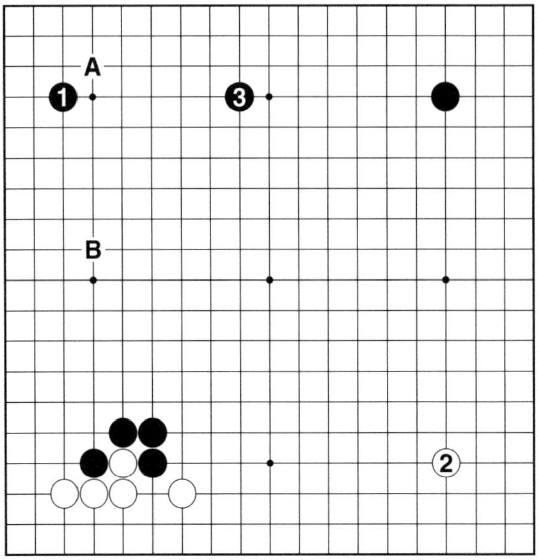

Dia. 1

Position am oberen Rand aufbauen würde. Das ist eine sehr gute Formation. Selbst du solltest es sehen, dass 1 und 3 einer Stellung auf A und B vorzuziehen sind." Wenn man das so sieht, ist alles ganz klar. Da lässt sich nichts gegen Kajiwaras Logik einwenden.

Kajiwara behauptete, dass er bereits über einen ordentlichen Vorsprung verfügte, denn Weiß hätte mit 12, 14 und 16 eher bedeutungslose Punkte gespielt, wohingegen Schwarz mit 11 bis 17 die Punkte mit Substanz und großen Wert genommen hätte.

Präzise Kalkulation

Ich war nicht so recht überzeugt davon, dass Kajiwara nach 17 bereits eine deutliche Führung inne hatte. „Wie groß ist denn der Vorsprung?"

„Weiß hat fünfzehn Punkte in der linken unteren Ecke. Die Steine, die vom oberen Rand herablaufen, werden etwa fünf Punkte machen. Schwarz hat in den beiden rechten Ecken gespielt und wird hier jeweils gut acht Punkte machen. Der Zwei-Punkte-Sprung links oben ist etwas dünn, Schwarz kann hier fünf Punkte veranschlagen. Er sollte etwas mehr auf der rechten Seite bekommen, sagen wir zehn Punkte.

Addieren wir dies zusammen. Selbst wenn Weiß noch etwa sechs oder sieben Punkte herausholen kann, so bekommt Schwarz die

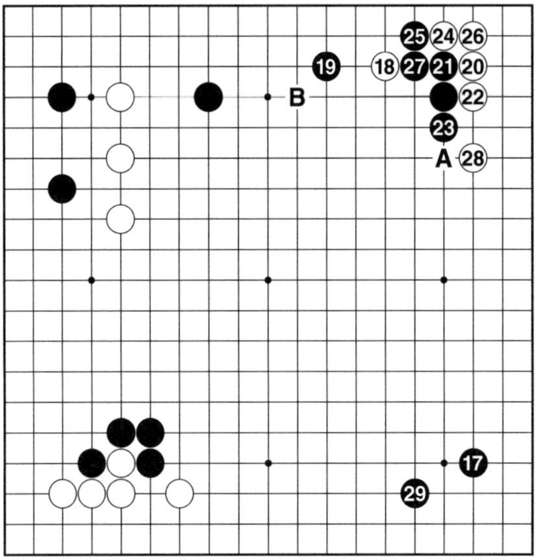

Abbildung 3 (17-29)
Zeit: Schwarz 1 Stunde 29 Min., Weiß 1 Stunde

gleiche Anzahl bei seinem nächsten Zug. Er ist also zehn Punkte voraus – die Komi inklusive."

„Der Wert eines Zuges entspricht sechs oder sieben Punkten, nicht wahr?"

„Ja, aber einen Zug in der Ecke setze ich mit acht Punkten an, die anderen Züge sollten etwas weniger wert sein."

Das war wirklich überraschend. Kajiwara macht den Eindruck, als wenn er nur den besten Zug auf dem Brett finden wolle und keinen Gedanken an Zählen von Gebietspunkten verschwenden könne. Aber tatsächlich kann er bereits vom Start weg ganz präzise Kalkulationen durchführen.

Kajiwara schaute den stillen Reporter an und lachte. „Als ich 17 spielte, da dachte ich, es wird ein einfaches Spiel für mich."

Ich fragte mich, was Cho Chikun wohl meinen würde. Wenn Kajiwaras Kalkulation korrekt sein sollte, dann müsste er sich bereits mit einem sehr schwierigen Spiel konfrontiert sehen.

Vierzwanzig Minuten nach Schwarz 17 klopfte Cho lautstark Weiß 18 auf das Brett, als wenn er Kajiwara warnen wollte, dass die Dinge nicht so laufen würden, wie er das gern hätte.

Schwarz 19 ist die einzig mögliche Antwort. Zieht Schwarz stattdessen auf A, dann würde Weiß B nicht nur den einzelnen schwarzen Stein schwächen, sondern auch geschickt mit den drei weißen Steinen links oben zusammenarbeiten. Die ursprüngliche

Vorherschaft des Schwarzen am oberen Rand wäre dahin und Weiß hätte die Kontrolle übernommen.

Die Abfolge bis 28 ist ein Joseki. Entsprechend der Kalkulation von Kajiwara, hatte Schwarz hier acht Punkte. Nun hat Weiß in dieser Ecke zehn Punkte abgesteckt, das ergibt einen Verlust von achtzehn Punkten für Schwarz. Als Kompensation konnte Schwarz sich Ansprüche am oberen Rand abstecken, die weit mehr als zehn Punkte wert sind. Zudem hat er Vorhand und kann die Ecke rechts unten mit 29 stärken. Das war der letzte große Punkt in der Eröffnung. Schwarz liegt weiterhin deutlich in Führung.

Kajiwaras große Strategie

Kajiwara war überzeugt, dass nach Schwarz 29 die Partie sehr einfach für ihn gemacht wurde. Aber war dem wirklich so?

Nicht, dass ich ihm nicht glauben wollte, aber ich wagte es, einige andere Profis zu befragen. Sie alle akzeptierten mehr oder weniger Kajiwaras Einschätzung der Position, insbesondere weil es ungeheuer schwierig war, eine gute Fortsetzung für Weiß zu finden. Es scheint daher ohne Zweifel ein hartes Spiel für Weiß geworden zu sein. Die Hauptperson, Cho Chikun, schien dies ebenso zu sehen, denn für Weiß 30 benötigte Cho zwanzig Minuten und für Weiß 32 sogar fünfundzwanzig Minuten.

Schwarz antwortete mit einfachen Zügen und das Ergebnis bis 42 entsprach nicht den Erwartungen Chos. Schwarz A ist Vorhand gegen die weiße Gruppe am oberen Rand. Somit schwimmen die drei weißen Steine am linken Rand ohne festen Halt in einem riesigen schwarzen Ozean.

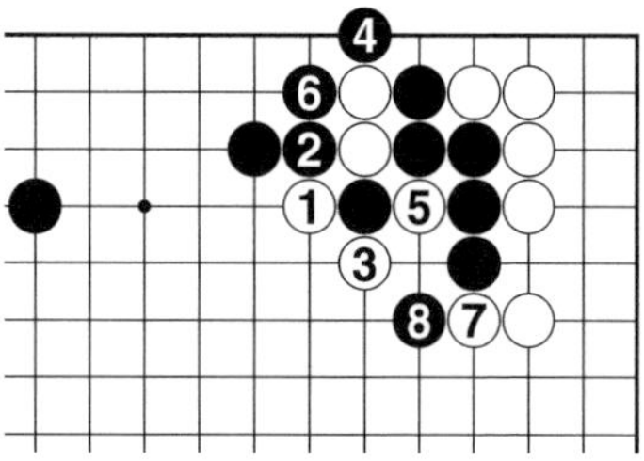

Dia. 2

Schauen wir uns den Kampf etwas genauer an. Wenn Weiß mit 32 auf 1 in Diagramm 2 spielt, dann kann er zwar ein Ponnuki bilden, aber die Steine werden trotzdem schwer und klumpig. Schwarz kann sie leicht großräumig mit 8 angreifen.

Die Strategie Chos zielte vermutlich darauf ab, sich mit den Zügen bis 42 am oberen Rand so viel wie möglich zu nehmen und die drei Steine auf der linken Seite vorerst im freien Raum stehen zu lassen.

Darauf baute Kajiwara seine strategische Großraumoffensive auf. Zuerst spielte er 43, denn dieser Zug erzwingt eine Antwort

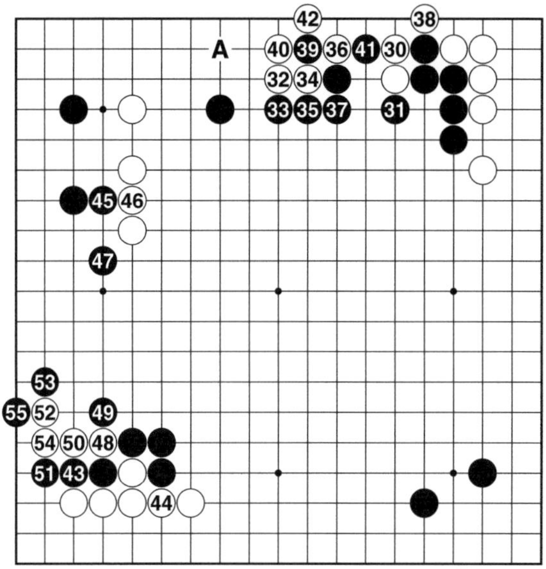

Abbildung 4 (30-55)
Zeit: Schwarz 2 Stunden 42 Min., Weiß 2 Stunden 24 Min.

von Weiß, der auf 44 verteidigen muss. Weiß kann nicht mit 1 in Diagramm 3 kontern, denn Schwarz wird mit 2 bis 10 weitere Züge erzwingen und so die weiße Ecke einschließen.

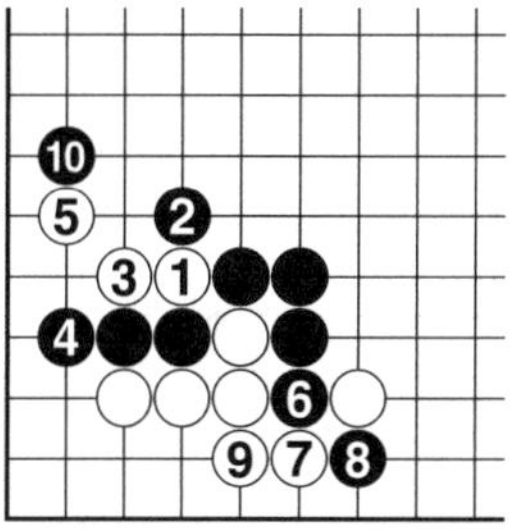

Dia. 3

Schwarz 45 und 47 nehmen den weißen Steinen das Potenzial für Augenform und festigen gleichzeitig den Gebietsanspruch am Rand. Weiß kann nicht zulassen, dass Schwarz hier den gesamten Rand übernimmt, also schneidet er mit 48. Doch was wird nun aus der Gruppe in der Brettmitte?

Cho hatte natürlich ein kalkuliertes Risiko in Kauf genommen, als er Schwarz 47 ignorierte, aber er musste trotzdem in Angesicht des weißen Angriffes, der mit 57 und 61 eingeleitet wurde, zusammengezuckt haben. Immerhin war er nun auf allen Seiten von gegnerischen Truppen umgeben und Kajiwaras ausgefeilte Attacken sind nur zu gut bekannt und würden nun auf seine vernachlässigten Steine niedergehen – wie könnte Cho da nicht besorgt sein?

Egal wie stark Cho sein mochte, es gab keine Frage, dass ein Kampf unvermeidlich wurde. Mit 68 und 70 trat er einen hastigen

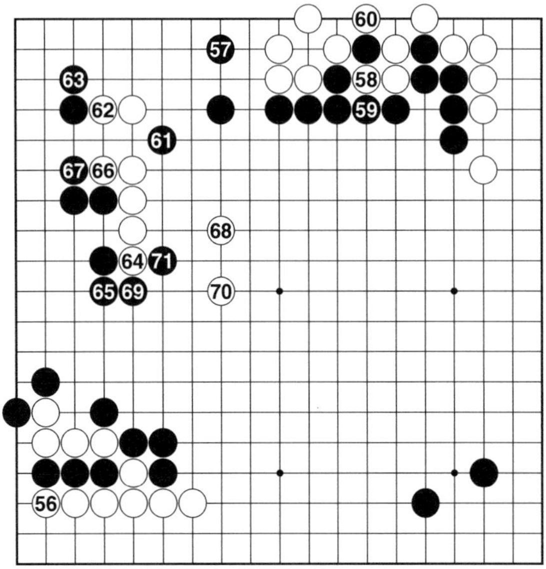

Abbildung 5 (56-71)
Zeit: Schwarz 3 Stunden 34 Min., Weiß 3 Stunden 5 Min.

Rückzug in die einzig verbliebene Richtung an, die noch nicht von gegnerischen Stellungen verbaut war – in die Brettmitte.

Derweil fragt sich Kajiwara, ob Weiß, wenn er denn das Abtrennen und Vergrößern der unteren Ecke und die anschließende Flucht der Mittelgruppe im Voraus geplant hatte, er nicht vielleicht auch noch eine andere Möglichkeit sah, sich irgendwie aus dieser Klemme zu befreien.

Für Weiß 62 schlug Kajiwara 1 in Diagramm 4 vor. Wenn Schwarz mit 2 streckt, dann verbindet Weiß auf 3 und scheint so ein besseres Potenziel für Augen zu erhalten.

Kajiwara wollte daraufhin den Angriff mit 4 fortsetzen, aber Weiß springt einfach mit 5 heraus und läuft davon. Wenn Weiß sein Schwert tatsächlich auf diese Weise schwingen würde, dann müsste Schwarz aufpassen, dass er ihm nicht zu nahe kam und ernsthafte Verletzungen riskierte.

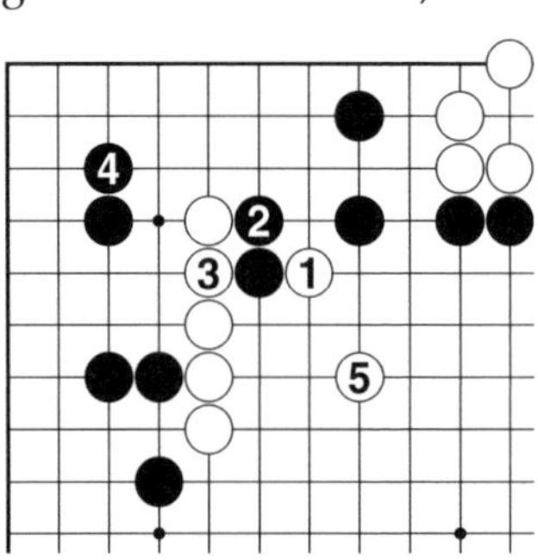

Dia. 4

Weiß hat keine andere Wahl, als 70 zu spielen. Er würde gern das Hane in Diagramm 5 spielen, wenn er sich sicher sein könnte,

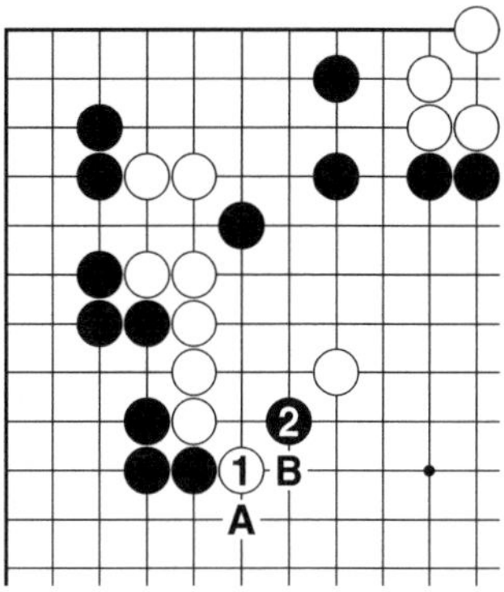

Dia. 5

dass Schwarz auf A antwortet und Weiß den Zug auf B bekommt. Aber Schwarz würde sofort mit 2 angreifen und Weiß hätte dann allerlei Schwierigkeiten.

Schwarz 71 war der letzte Zug vor der Unterbrechung am Abend.

Ishida Yoshio 9. Dan und Sato Masaharu 6. Dan kamen, um sich das Spiel anzusehen. „Warum kriechen diese jungen Geister heutzutage immer nur so dicht am Brettrand herum?“ fragte der eine und beide lachten lauthals.

Als ich sie fragte, was sie damit meinten, erklärten sie mir, dass Kajiwara kurz zuvor Kobayashi Koichi 8. Dan in einer Partie nach allen Regeln der Kunst geschlagen hatte und auch die Analyse nach der Partie mit eben diesen Worten gewann. Sicher, wenn man sich die Brettposition ansieht, so kommt man nicht umhin festzustellen, dass die weißen Steine allzu niedrig stehen.

Eine blitzartige Wende

Schwarz 71 stürzte Kajiwara in eine schwere Krise. Seine Absicht war es sicherlich gewesen, nur einen Zug einzuschieben, den Weiß beantworten müsste und der ihn gleichzeitig davon abhielt, mit 90 gute Form zu machen.

Cho, der sich dreiundzwanzig Minuten Zeit genommen hatte, ignorierte jedoch den Zug und eröffnete stattdessen mit 72 einen messerscharfen Gegenangriff.

Wenn Schwarz mit 1 in Diagramm 6 antwortet, dann schneidet Weiß mit 4 und Schwarz verliert den markierten Stein (Zug 71). Das wäre ein unverzeihlicher Affront gegen Kajiwaras Stolz.

Mit 73 begann Kajiwara eine Alles-oder-Nichts-Attacke, um so viel wie möglich aus dem Stein 71 herauszuholen. Tatsächlich brachte die Entwicklung bis 96 genau das Gegenteil, denn die ehemals schwache weiße Gruppe

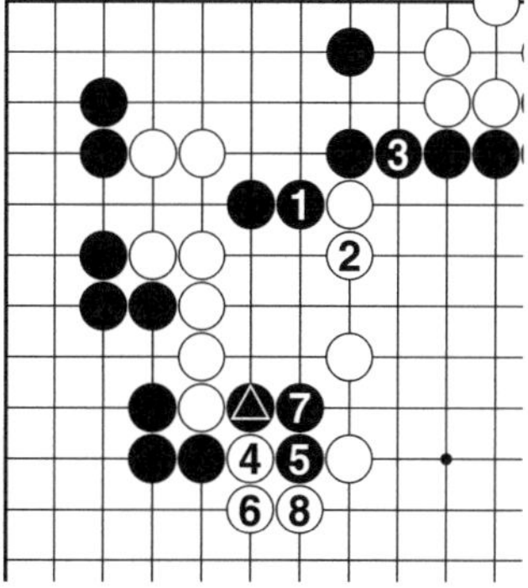

Dia. 6

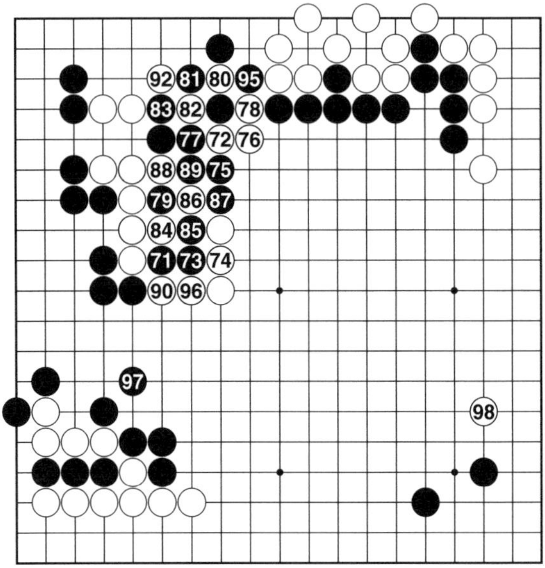

Abbildung 6 (71-98)
Zeit: Schwarz 5 Stunden 11 Min., Weiß 4 Stunden 3 Min.

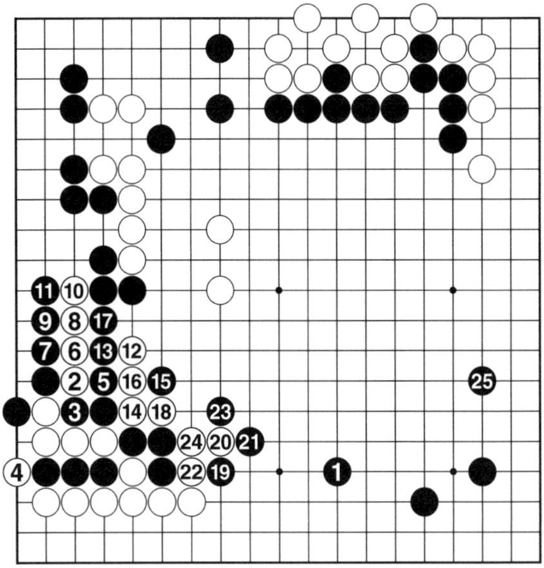

Dia. 7

wurde durch das Einverleiben von vier schwarzen Steinen dick und fett und machte sie gleichzeitig stärker, als die schwarzen Steine im Zentrum. Nach Weiß 98 hatte sich die einst so deutliche Führung von Schwarz in Luft aufgelöst.

Nach dem Spiel bedauerte Kajiwara, dass er 71 nicht auf 1 im Diagramm 7 gespielt hat. Die Hauptsorge von Schwarz ist, dass Weiß die Schwäche in der schwarzen Stellung mit 2 ausnutzen würde. Aber Schwarz gibt die Ecke weg und wendet sich mit 25 dem rechten Rand zu.

Wenn der Leser das Diagramm 7 und das Ergebnis der Partie bis 98 vergleicht, so wird er über den deutlich festzustellenden Unterschied erstaunt sein. Kajiwaras ließ sein ungeschicktes Spiel Abscheu gegen sich empfinden.

Cho, die Dampfwalze

Nach 98 war es knapp auf dem Brett, was die Komi zu einer ungeheuren Last für Schwarz machte.

Schwarz war aufgrund der plötzlich entstandenen weiße Stärke gezwungen, mit 97 zu verteidigen. Das tat natürlich weh. Wenn man nur flüchtig auf Weiß 1 in Diagramm 8 schaut, dann sieht der Schnitt nicht besonders gefährlich aus. Schwarz antwortet einfach mit 2 bis 10. Aber Weiß hat ein geschicktes Tesuji. Er tauscht erst Weiß A für Schwarz B ab und entkommt dann mit C.

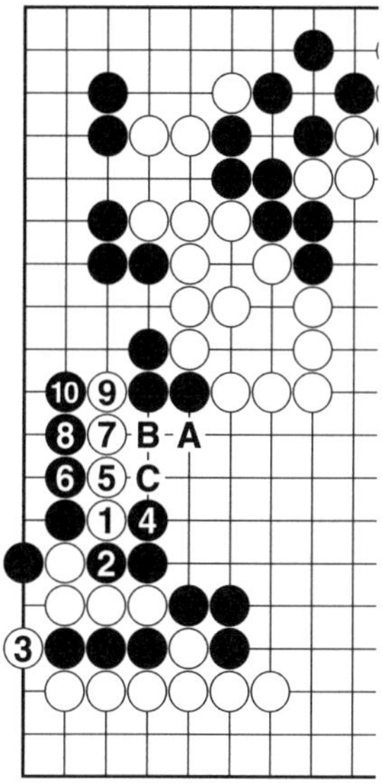

Dia. 8

Kajiwara kommentierte, dass er mit Schwarz 99 besser auf 128 hätte springen sollen, und lamentierte, dass Cho so zu dem schönen Formzug auf 102 gekommen ist.

Normalerweise wäre es ein herber Rückschlag für Weiß, wenn Schwarz wie in der Sequenz von 103 bis 113 die Basis der Stellung zerstört. Aber da die weißen Nachbarstellungen fest und solide sind, war es nicht schmerzhafter, als etwas Kleingeld fallen zu lassen. Jenseits des Schmerzes war es Weiß nun sogar möglich, mit 120 seine gefangenen Steine in einer Gewaltaktion zu befreien und herauszuziehen. Die Krise war überstanden.

Angesichts der hier gezeigten Kampfkraft von Cho kann man nicht anders, als ungläubig den Kopf zu schütteln. Für den Zuschauer

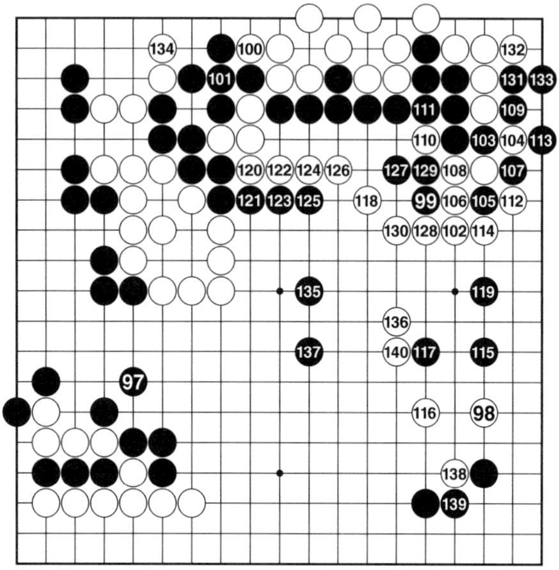

Abbildung 7 (97-140)
Zeit: Schwarz 5 Stunden 57 Min., Weiß 5 Stunden 27 Min.

sah es so aus, als hätte Weiß den Zug 113 nur durch einen Ausrutscher zugelassen. Aber er war alles Teil eines größeren Plans, in dem Weiß beginnend mit 120 eine ordentliche Kompensation erhielt. Zuerst zwang Weiß in der Sequenz bis 133 die schwarze Gruppe zu einem minimalen Leben am Rand und trieb dann die andere große schwarze Gruppe mit 134 zur Flucht an.

Jetzt regierte ein neuer Herrscher auf dem Brett.

Die drei Steine 115, 117 und 119, die Kajiwara gerade auf der rechten Seite investiert hatte, wurden nun das ideale Ziel für einen Doppelangriff.

Jeder Widerstand bricht

Obwohl seine gesamte Bedenkzeit bereits aufgebraucht war, leistete Kajiwara einen erbitterten Widerstand. Dennoch gab es kaum noch Hoffnung auf einen Sieg. Diese Partie war längst entschieden.

Zwanzig Minuten nach Mitternacht, nachdem Weiß den Stein 222 auf das Brett gesetzt hatte, gab Kajiwara auf. „Ich habe verloren." sagte er. Cho verbeugte sich leicht.

Bis Zug 69 in Abbildung 5 war diese Partie war ein großer Erfolg für Kajiwara. Alles lief exakt nach Plan. Cho musste ständig in

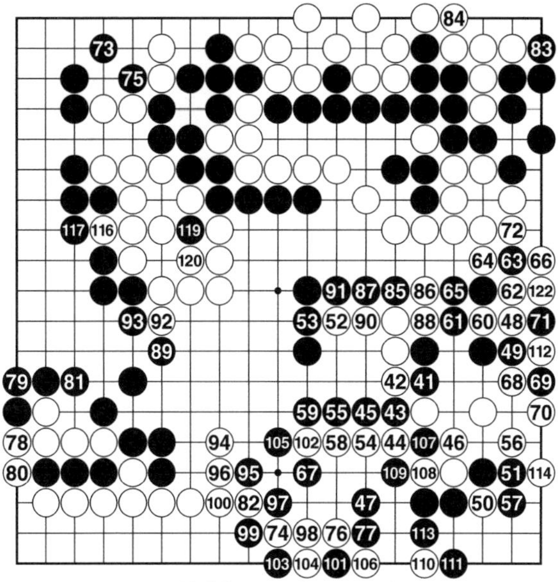

Abbildung 8 (141-222)
115 auf 69, 118 auf 112, 121 auf 69
Zeit: Schwarz 5 Stunden 59 Min., Weiß 5 Stunden 56 Min.

Deckung gehen, um den Salven, die auf ihn abgefeuert wurden, auszuweichen.

Dann, mit 71, kam Schwarz dem Weißen zu nahe oder wie es das Sprichwort sagt: „Es ist ein schmaler Grat zwischen Erfolg und Mißerfolg". Kajiwara war durch Chos Gegenangriff auf 72 aus der Balance gebracht worden und mit einem Blitzschlag war die Führung verloren.

Als er aufgab, schaute Kajiwara noch immer auf die Steine auf dem Brett, auf die Dinge, die da vor sich gegangen waren. Aber einige Tage später, als er seinen Kommentar zur Partie abgab, hatte er die Dinge geklärt.

„Als ich den Schlag von Weiß 1 in Diagramm 9 (nächste Seite) erhielt, wurde ich hektisch und unruhig. Weiß 1 ist ganz sicher ein guter Zug, in der Tat, es ist ein brillantes Tesuji, um die Gruppe zu retten. Aber trotzdem war es nicht notwendig, den Kopf zu verlieren oder sich in einem direkten Kampf den Kopf einzurennen. Schwarz sollte ruhig bleiben und einfach zu 2 am rechten Rand wechseln.

Wenn Weiß dann 3 spielt, so sollte er ihm höflich den einen Stein überlassen. Folgt später Weiß A, so kann Schwarz die Partie auf das Ko nach Schwarz B, Weiß C und Schwarz D abstellen."

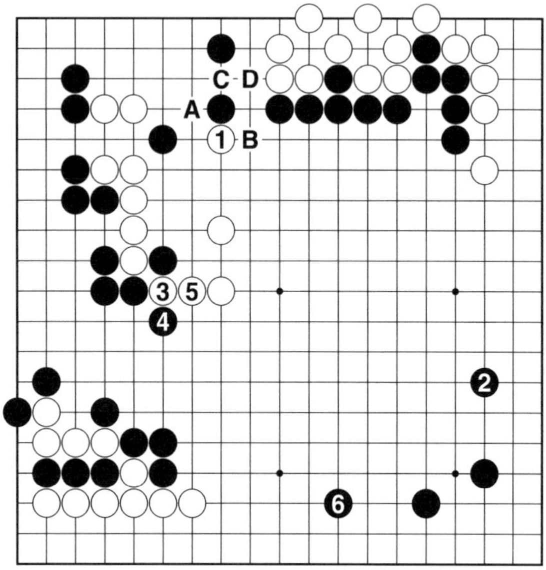

Dia. 9

Kajiwara hielt für einen Moment inne, dann setzte er fort. „Leider ist eine solche Geistesgegenwart etwas zu viel für mich."

Die Partie begann mit Kajiwara, der auf dem ganzen Brett randalierte und kräftig austeilte. Aber sie endete mit Cho, der gnadenlos Wiedergutmachung für die Demütigung und die erlittenen Schäden einforderte.

Kapitel III

Treppenprobleme

Problem 1: Das Herz

Weiß am Zug. Läuft die Treppe für Weiß?

Dieses Problem ist überall - im Osten wie im Westen, bei Anfängern wie Profis - als „Nakayama's Herz" bekannt.

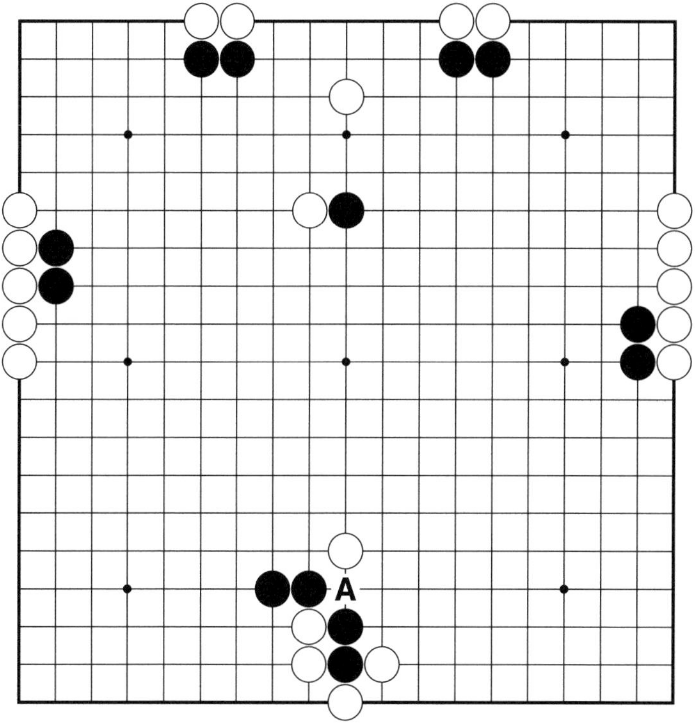

Weiß am Zug (113 Züge)

Problem 2: 2000

Schwarz am Zug. Kann Schwarz die Treppe auf A beginnen?

Dieses Problem erschien im Dezember 1999 in der „Go World", der Monatszeitschrift des Nihon Kiin.

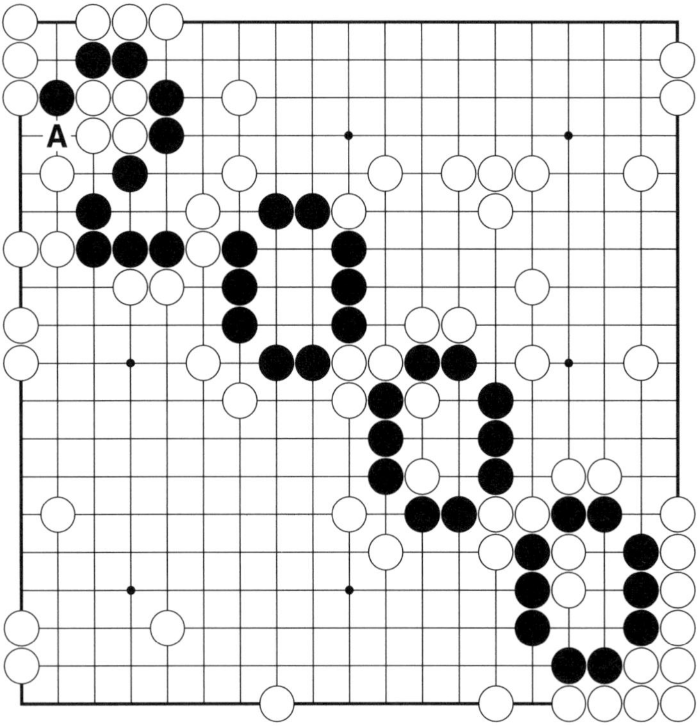

Schwarz am Zug (213 Züge)

Problem 3: Peace

Weiß am Zug. Was soll Weiß tun?

PEACE, insbesondere das „P“, scheint in Gefahr. Kann das „P“ durch einen Zug auf A, B oder C gerettet werden?

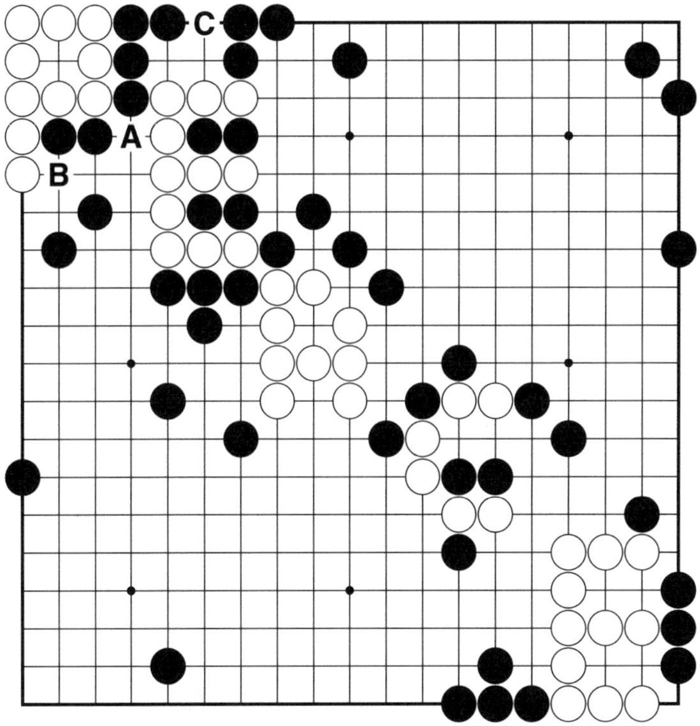

Weiß am Zug (127 Züge)

Problem 4: Vollmond

Weiß am Zug. Was passiert, wenn Weiß auf A spielt?

Der 15. Tag des 8. Monats nach dem Mondkalender ist in Japan der traditionelle Tag des „Mond betrachtens". An jenem Tag, der auf den 21. September 1983 fiel, wurde dieses Problem erdacht.

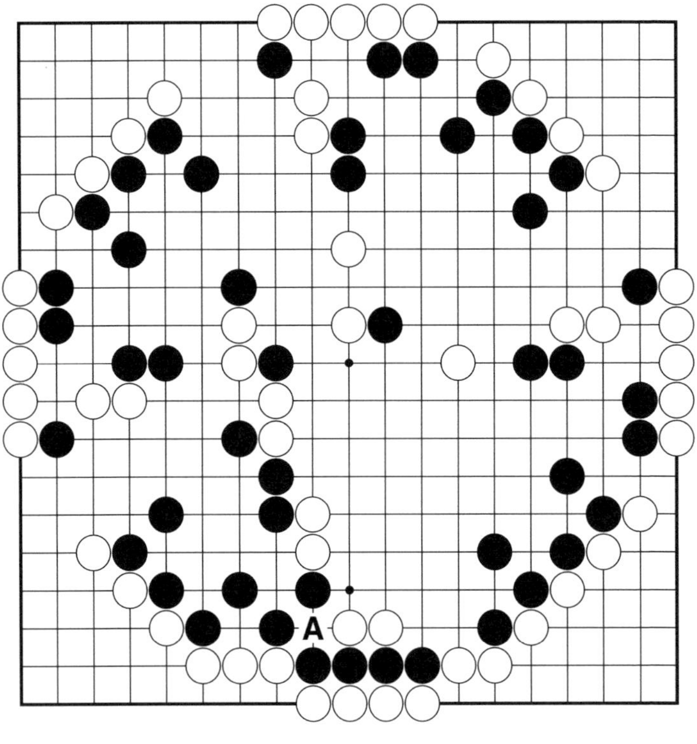

Weiß am Zug (159 Züge)

Problem 5: Magisches Quadrat

4	9	2
3	5	7
8	1	6

Was passiert, wenn Schwarz auf A spielt?

In einem magischen Quadrat sind die Zahlen so angeordnet, dass sie in Zeilen, Spalten sowie in der Diagonalen die gleiche Summe bilden. Die Zahlen sind hier durch Steinhaufen dargestellt. Es gibt jeweils 45 weiße und schwarze Steine.

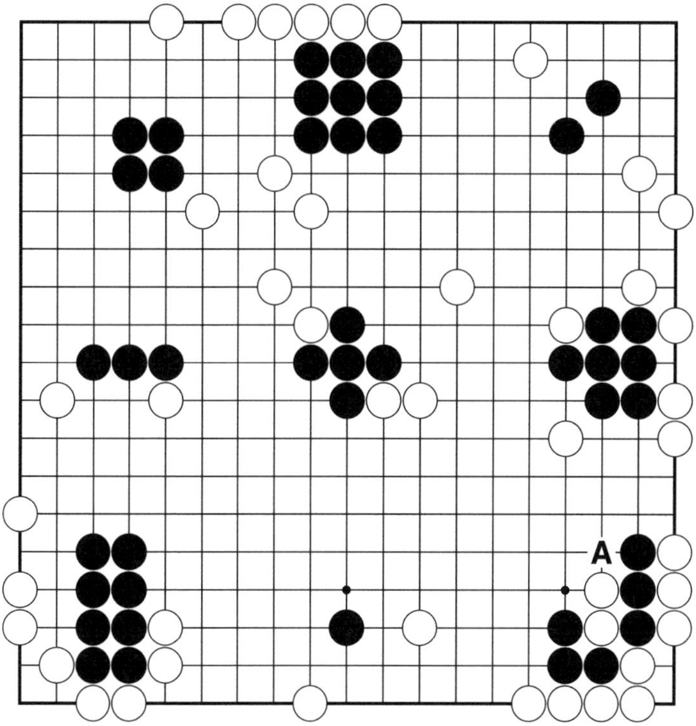

Schwarz am Zug (155 Züge)

Problem 6: 999 Go

Schwarz spielt auf A. Was passiert nun?

Dieses Problem wurde für die 999. Ausgabe der „Go Weekly“ erdacht, die am 7. April 1997 erschien.

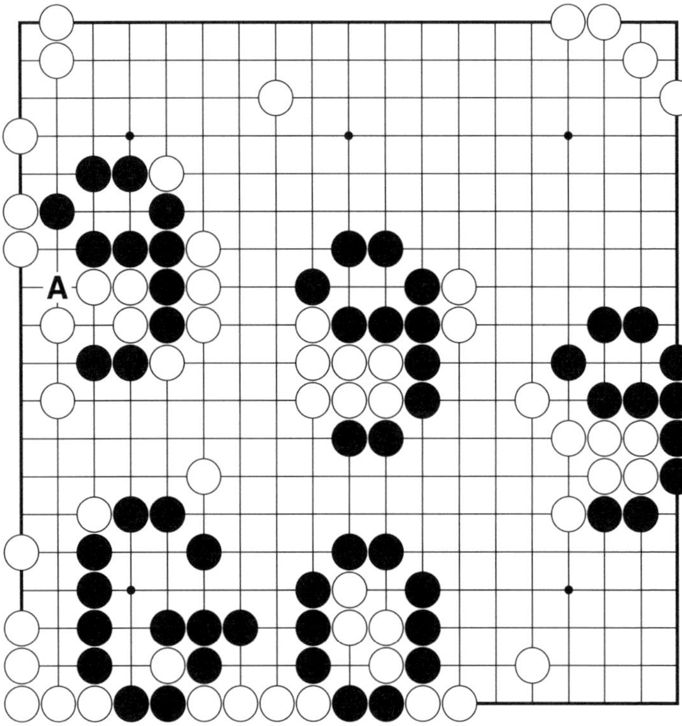

Schwarz am Zug (149 Züge)

Problem 7: „Merry Xmas 1998"

Schwarz am Zug. Was passiert auf Schwarz A?

Dies war mein Weihnachtskarten-Problem von 1998 für meine Go-Freunde.

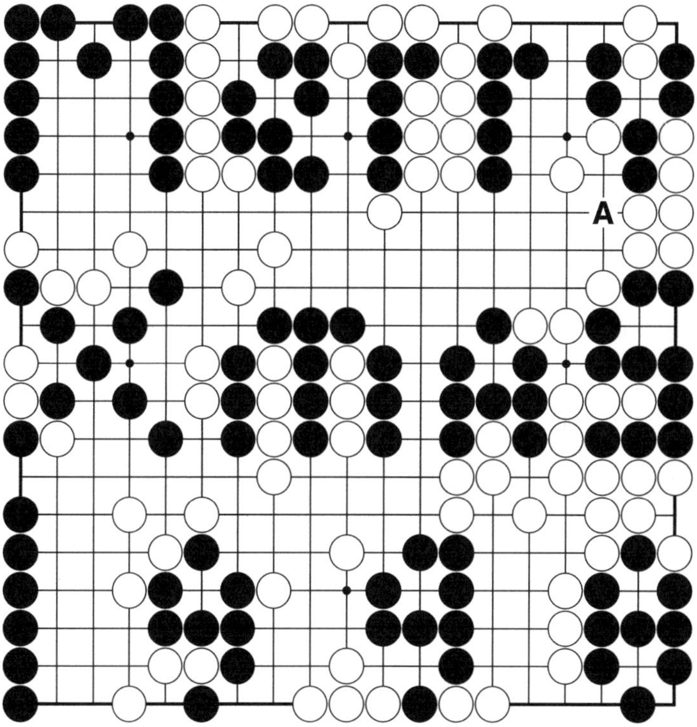

Schwarz am Zug (99 Züge)

Problem 8: Kanninchen

Weiß spielt auf A. Was passiert nun?

Dies ist die Seitenansicht eines Kanninchens, mit einem langen Ohr und einem Stummelschwanz. Kannst du die acht Steine mit einem Zug auf A fangen?

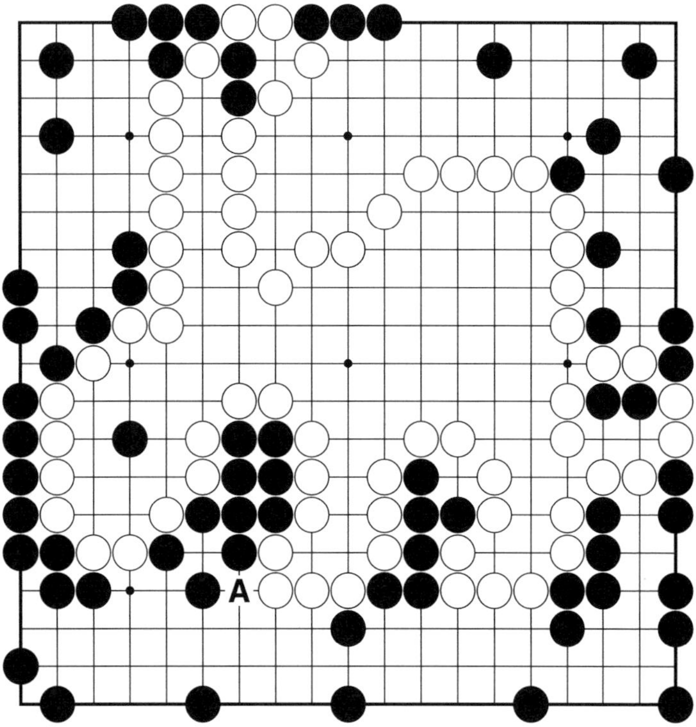

Weiß am Zug (113 Züge)

Problem 9: Schildkröte

Schwarz am Zug. Was passiert auf Schwarz A?

Das Kanninchen und die Schildkröte sind in Japan gute Freunde. Es gab einmal ein Wettrennen zwischen beiden, dass die Schildkröte gewann, weil das Kanninchen eingeschlafen ist.

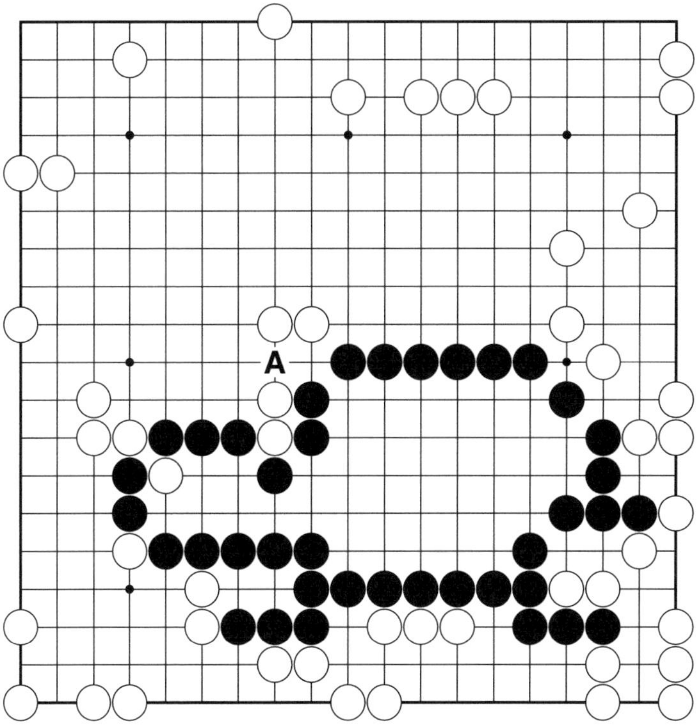

Schwarz am Zug (161 Züge)

Problem 10: Ratte

Schwarz am Zug. Läuft die Treppe, wenn er A spielt?

Hier sehen wir eine kleine Ratte von hinten, mit zwei großen Ohren und einem langen Schwanz.

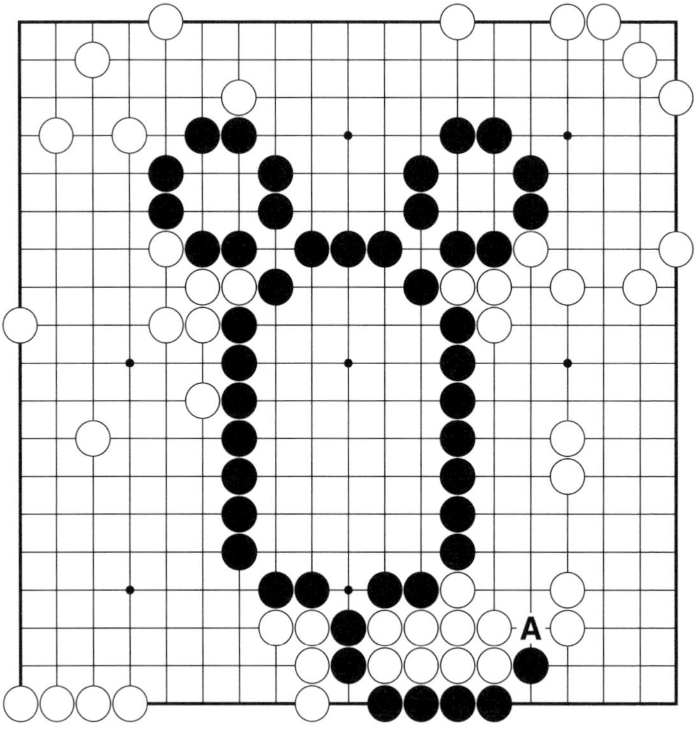

Schwarz am Zug (123 Züge)

Problem 11: Büffel

Schwarz am Zug.

Die dicken Hörner und die kurzen, stämmigen Beine sind ganz einem Büffel entsprechend. Kann man die zwei weißen Steine auf A fangen?

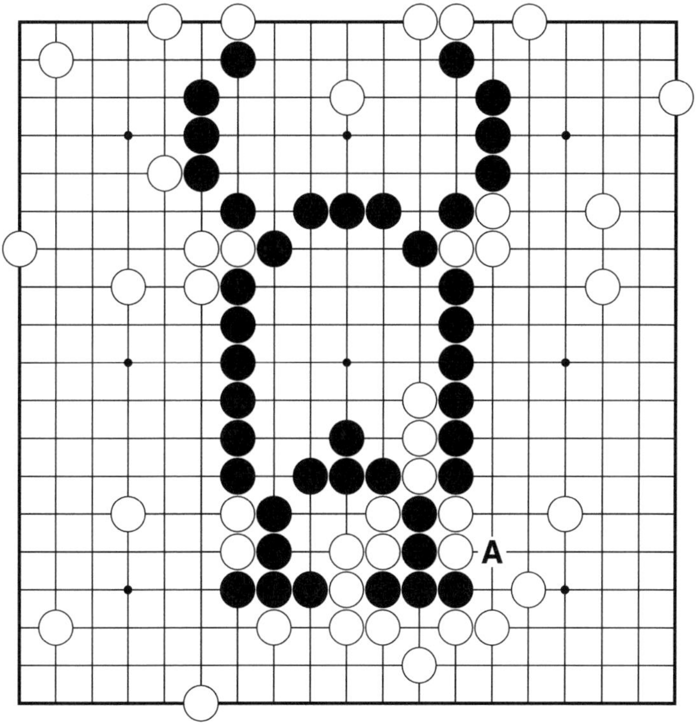

Schwarz am Zug (115 Züge)

Problem 12: Drache

Schwarz am Zug.

Mit den Steinen einen Drachen auf das Go-Brett zu zeichnen, ist keine einfache Aufgabe. Ich denke, dieser Drache ist gekommen, um einer Go-Partie zuzuschauen.

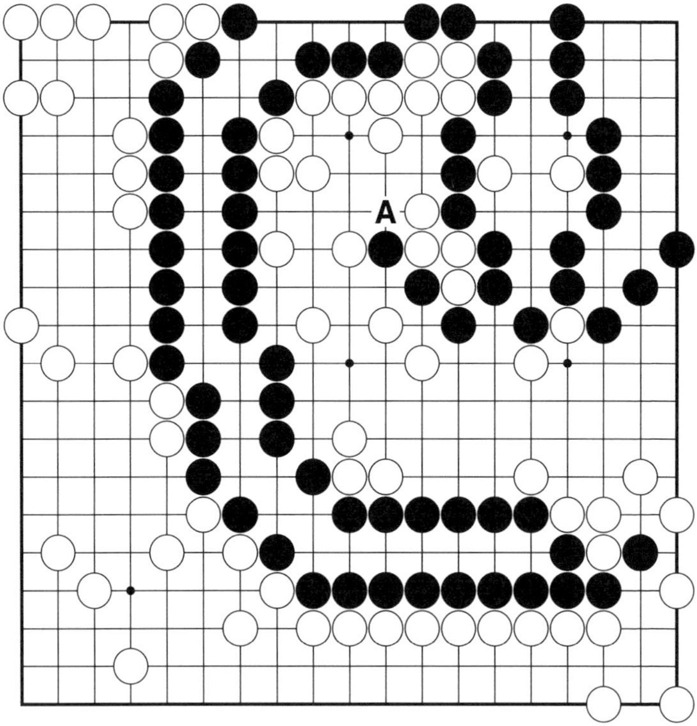

Schwarz am Zug (121 Züge)

Problem 13: Schlange

Schwarz am Zug.

Die schwarzen Steine auf dem Brett zeichnen das japanische Kanji für Schlange, das wie eine riesige Schlange aus. Um sicher zu sein, muss sie den einzelnen Stein rechts unten mit A fangen.

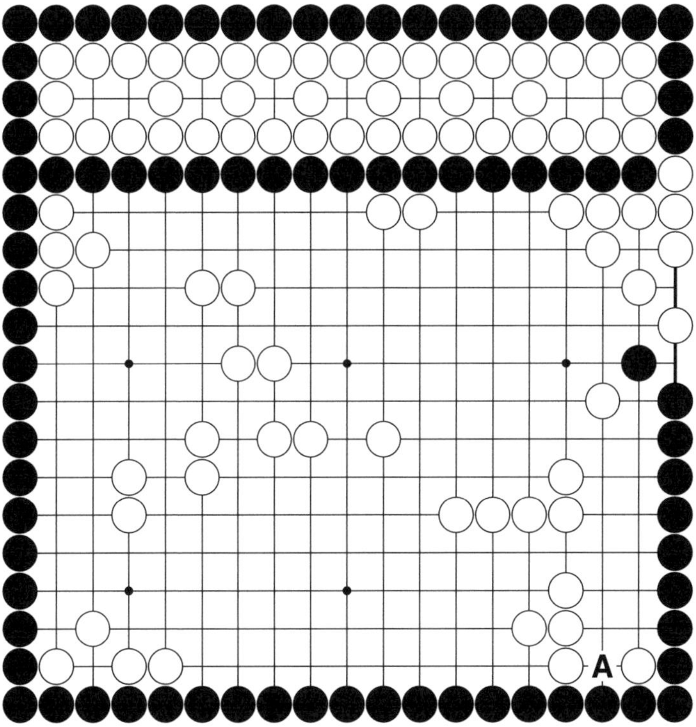

Schwarz am Zug (173 Züge)

Problem 14: Ziegenbock

Weiß am Zug.

Man siehe die eleganten Hörner und den Ziegenbart - was für ein Ziegenbock!

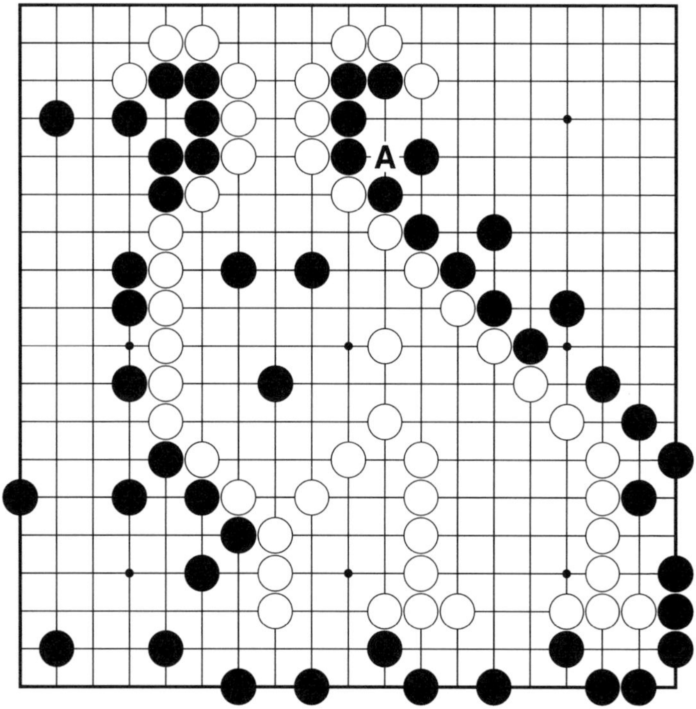

Weiß am Zug (91 Züge)

Problem 15: Der Hund Norakuro

Schwarz am Zug.

In den 1930er Jahren gab es ein Manga mit einem schwarzen Hund in der Hauptrolle, der bei Kindern sehr beliebt war. Er hieß Norakuro und ist heute weit über siebzig Jahre alt, weshalb er am liebsten den ganzen Tag schläft.

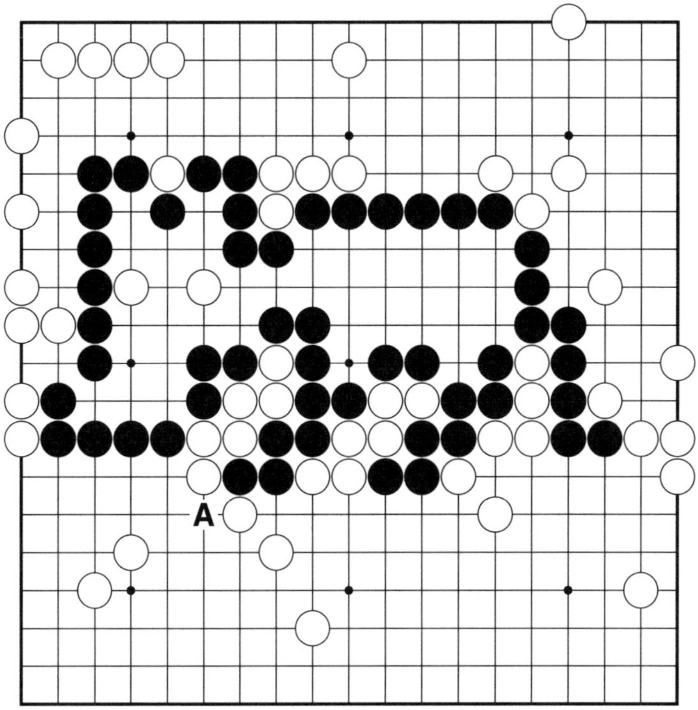

Schwarz am Zug (121 Züge)

Problem 16: Bremen

Kann Schwarz die acht weißen Steine auf A fangen?

Dieses Treppenproblem wurde am 30. Juni 1984 in Bremen erdacht, als Geschenk für den Bremer Go-Club.

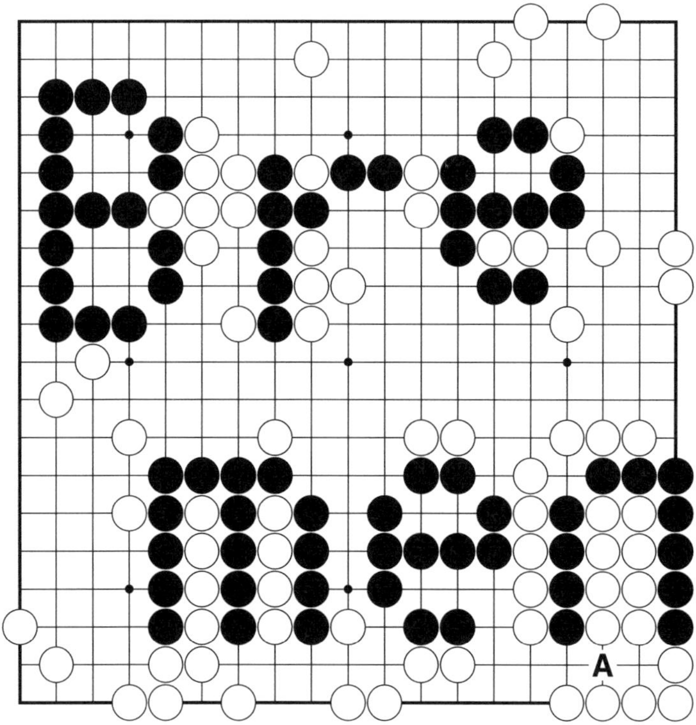

Weiß am Zug (121 Züge)

Problem 17: Nakayama

Schwarz am Zug. Kann er die sieben weißen Steine auf der unteren Randlinie fangen?

Die Schriftzeichen werden im Japanischen „Nakayama“ ausgesprochen.

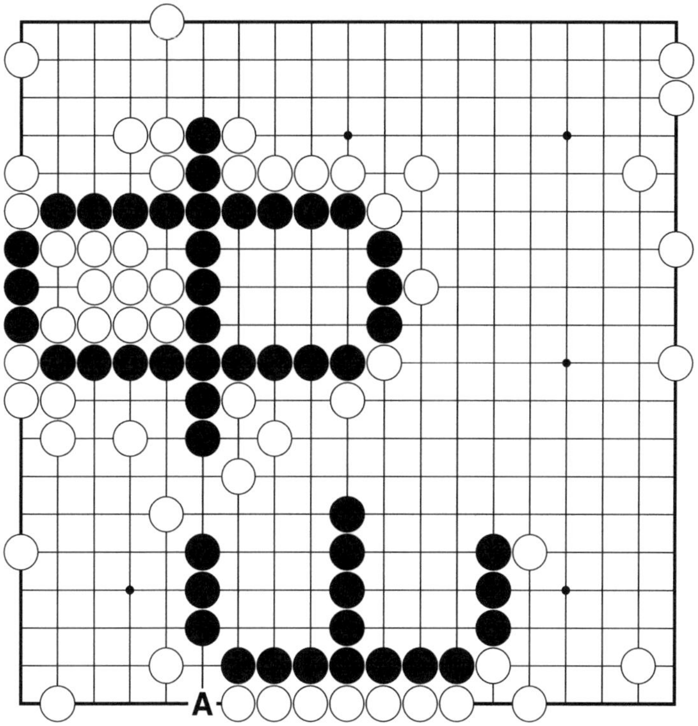

Schwarz am Zug (177 Züge)

Problem 18: Japan

Schwarz am Zug. Kann man fünf weiße Steine auf A fangen?

Die schwarzen Steine zeigen eine Karte meines Heimatlandes Japan, das sich über 3.000 Kilometer von Hokkaido im Norden nach Kyushu im Süden erstreckt. Die drei Steine unten links stellen Okinawa dar. Der markierte Stein die Lage Tokios.

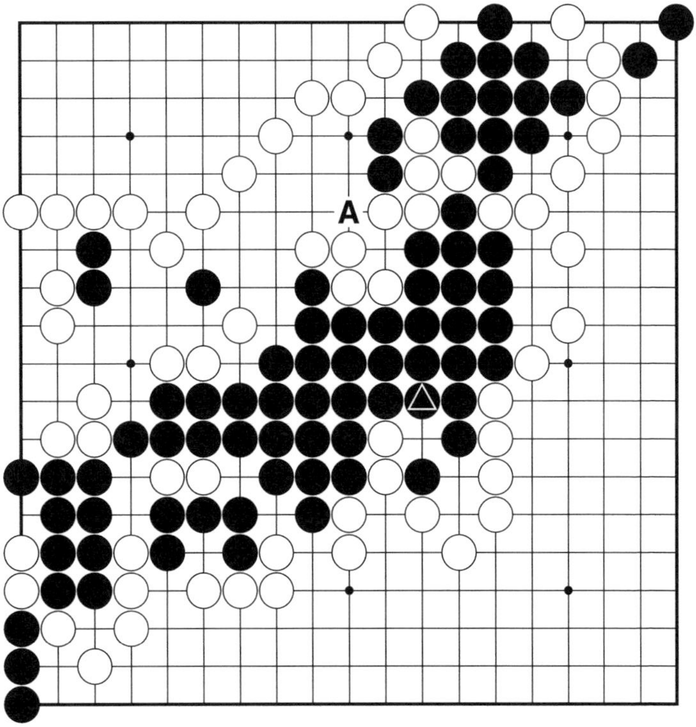

Schwarz am Zug (29 Züge)

Problem 19: Hayashi Gembi's Treppe

Weiß attackiert mit 1 bis 11 erst die schwarze Augenform. Kann er nun die gesamte Gruppe fangen?

Dieses Problem wurde im 8. Jahr der Bunka-Ära (1811) von Hayashi Gembi 8. Dan (1778-1861) ausgedacht.

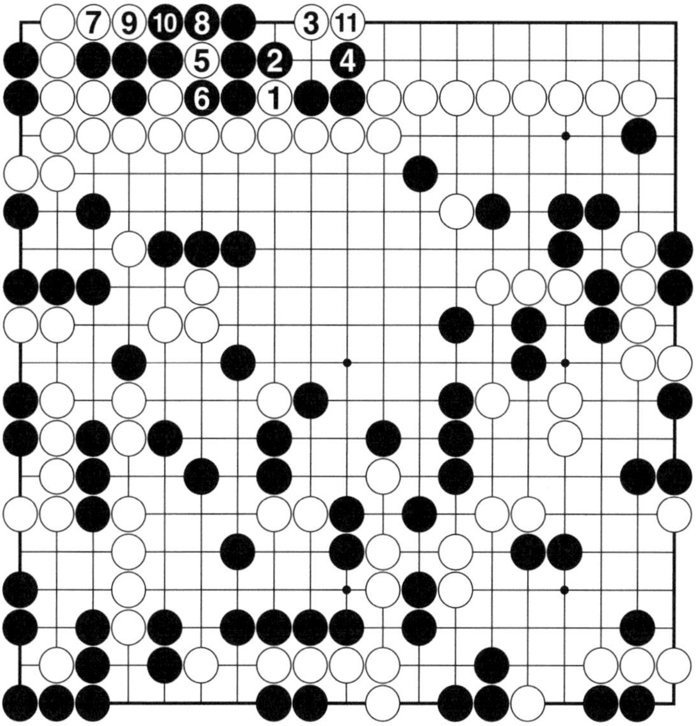

Weiß am Zug (191 Züge, inkl. 1-11)

Problem 20:

„Der Wurm frißt den Fisch“

Nun zum absoluten Meisterwerk: Kann Weiß alle schwarzen Steine auf dem Brett töten?
Das Problem soll von Honinbo Dosaku (1645-1702) oder seinem Schüler Meijin Inseki (1646-1719) erdacht worden sein. Es ist ein Meisterwerk: Schwarz fängt 72 Steine, kann aber trotzdem keine zwei Augen bauen.

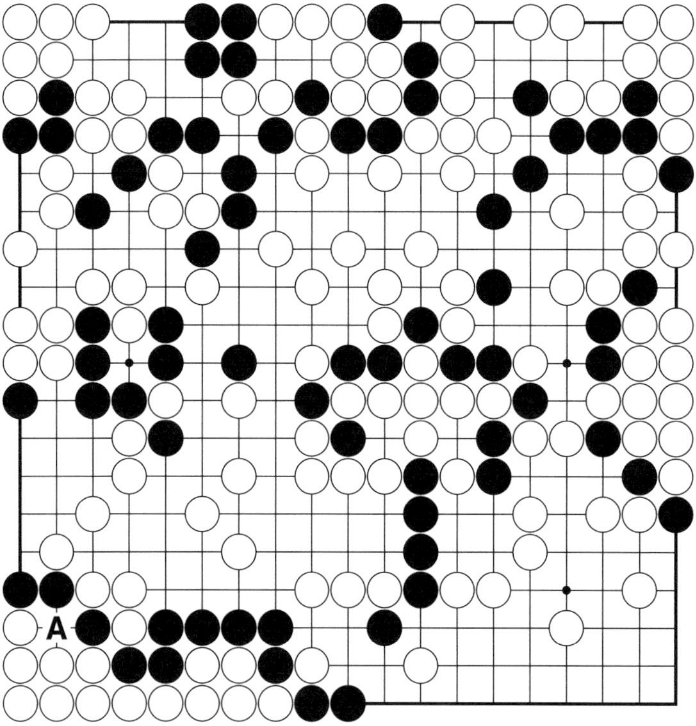

Weiß am Zug (79 Züge)

Die Lösungen

Lösung zu Problem 1

Abb. 1 (1-50). Die Treppe, wie sie hier gezeigt wird, ist nicht die einzige Möglichkeit, aber es ist die einzige, die zur korrekten Lösung führt. So lassen zum Beispiel die Treppen Weiß 3 auf 6 und Weiß 33 auf 34 den Schwarzen entkommen.

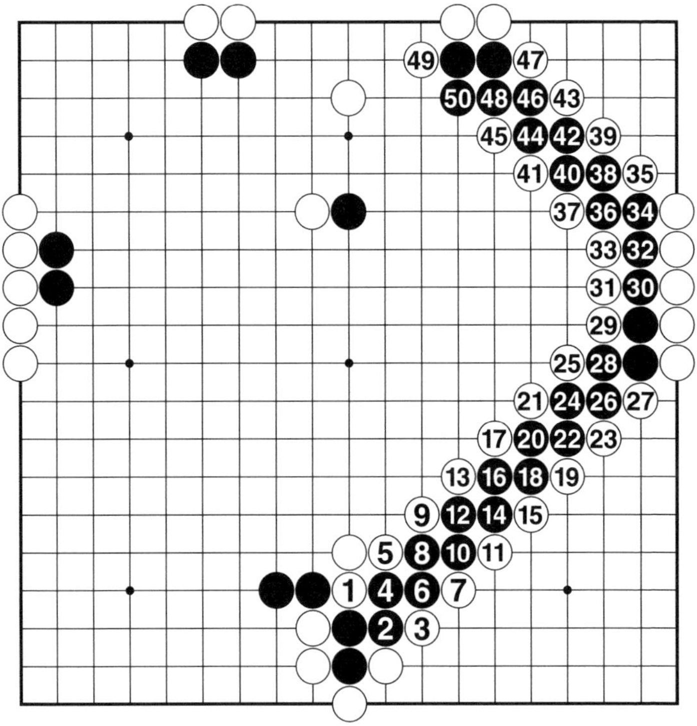

Abbildung 1 (1-50)

Lösung zu Problem 1
(Fortsetzung)

Abb. 2 (1-50). Eines Tages wurde dem berühmten Go Seigen dieses Problem gezeigt. Es wird berichtet, dass er überrascht gesagt hätte: „Hat dies wirklich Nakayama entworfen? Ich bin begeistert. Er ist ein Genie!" Natürlich bin ich, Nakayama, kein Genie. Aber es ehrt mich, dass durch Entwurf dieses Problems ein durchschnittlicher Profi für ein Genie gehalten wurde. Vielen Dank, Go Seigen Sensei!

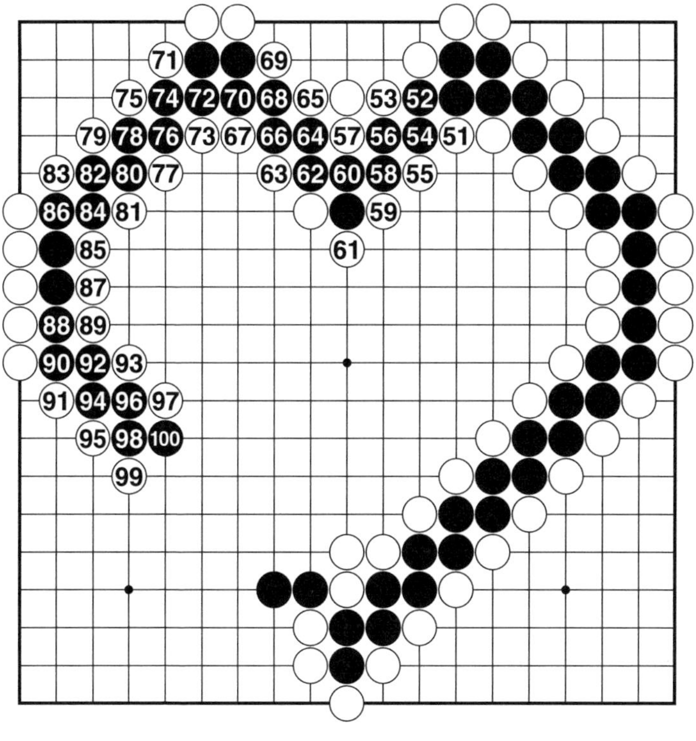

Abbildung 2 (51-100)

Lösung zu Problem 1
(Fortsetzung)

Abb. 3 (101-113). Die Fortsetzung ist erzwungen und das Ergebnis nach 113 zeigt die perfekte Form eines Herzens. Es ist schade, dass nicht alle unsere Partien so schön enden!

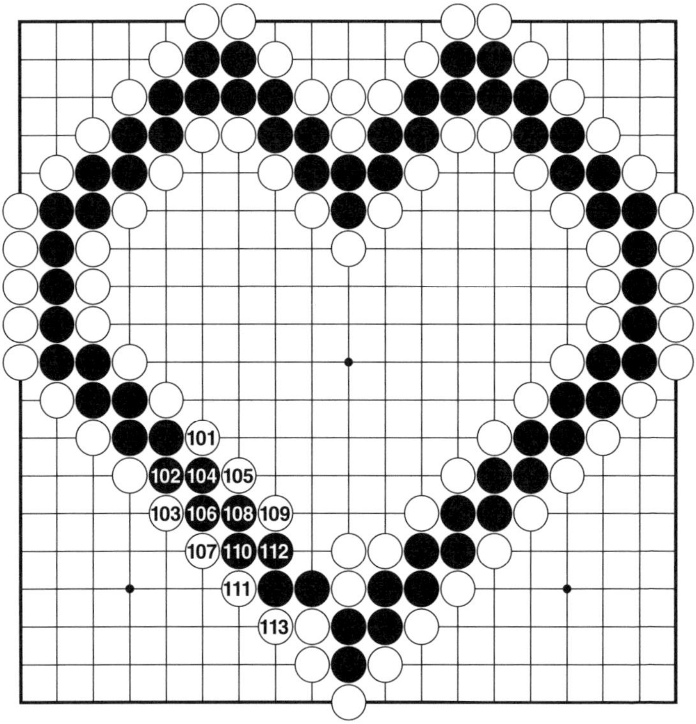

Abbildung 3 (101-113)

Lösung zu Problem 2

Abb. 1 (1-100). Das 20. Jahrhundert geht zu Ende. Was wird uns das neue bringen?

Schwarz 57 ist der Wendepunkt. Schwarz 83, 85 und 87 sind gute Züge. Die Treppe geht weiter.

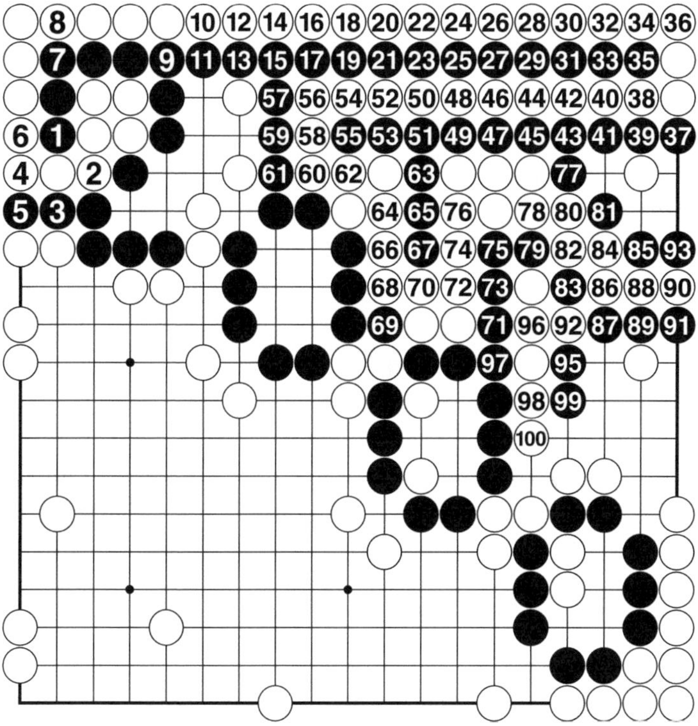

Abbildung 1 (1-100)
Weiß 94 verbindet auf 83.

Lösung zu Problem 2
(Fortsetzung)

Abb. 2 (101-200). Schwarz 23 und 35 sind gute Züge. Schwarz schlägt drei Steine, aber die Treppe geht weiter.
Ab 151 wird es eine interessante Treppe, denn beide Seiten schieben sich gegenseitig eine Treppe hinauf.

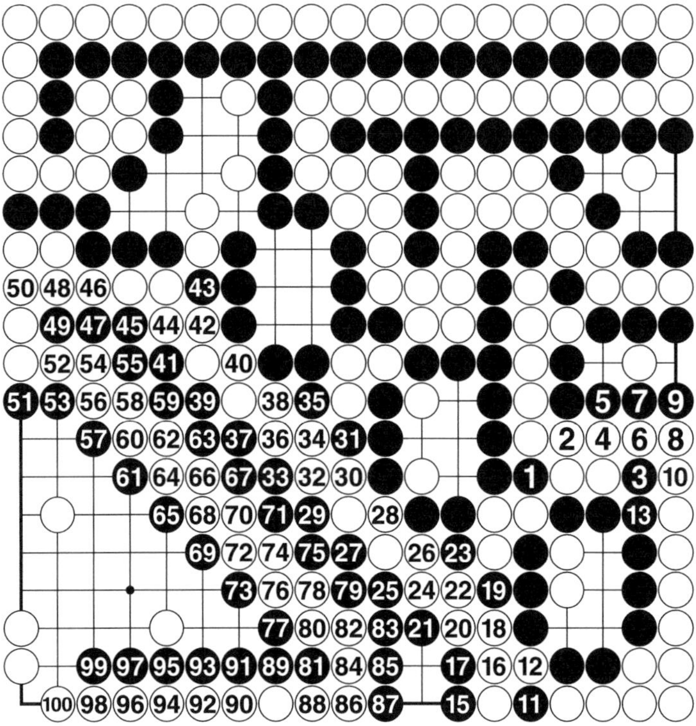

Abbildung 2 (101-200)
Weiß 14 verbindet auf 11.

Lösung zu Problem 2
(Fortsetzung)

Abb. 3 (201-213).

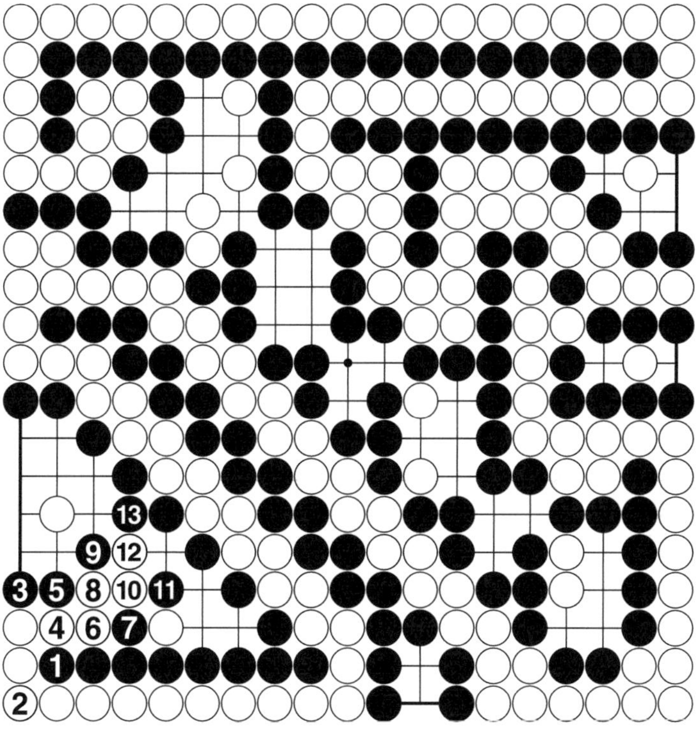

Abbildung 3 (201-213)

Lösung zu Problem 3

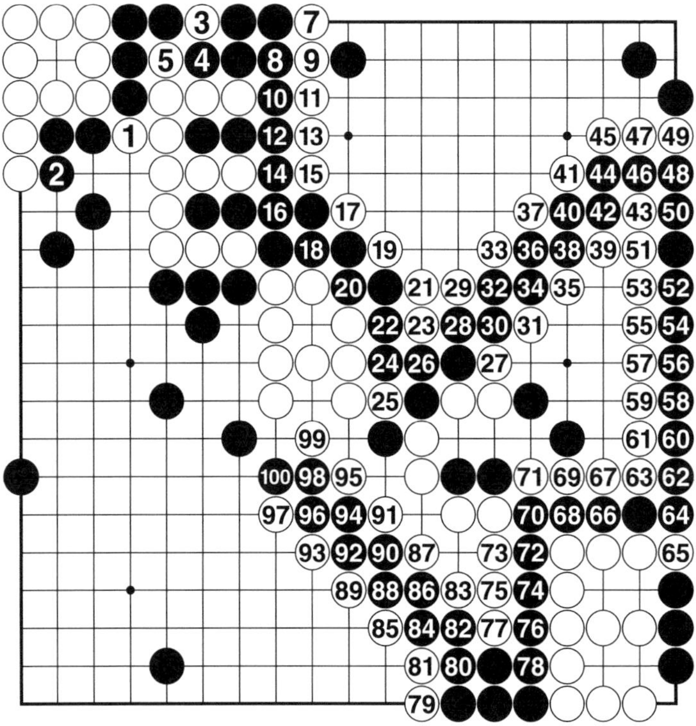

Abbildung 1 (1-100)
Schwarz 6 verbindet auf 3.

Lösung zu Problem 3
(Fortsetzung)

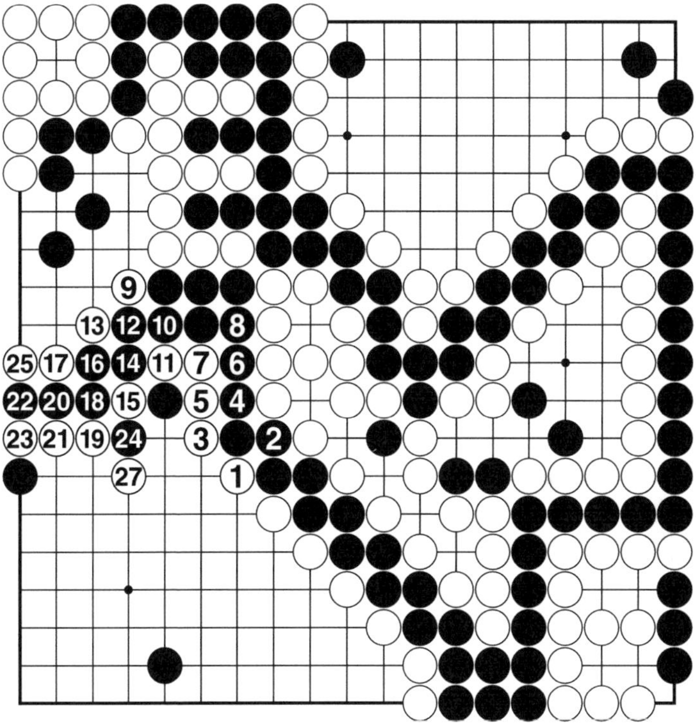

Abbildung 2 (101-127)
Schwarz 26 verbindet auf 15.

Lösung zu Problem 4

Abb. 1 (1-100). Dies ist eine recht klare Treppe, die nur eine Richtung kennt. Dennoch würde auch ein Profi Schwierigkeiten haben, sie im Kopf vollständig auszulegen.
Schwarz 84 beendet die erste Runde, die zweite beginnt mit Weiß 85.

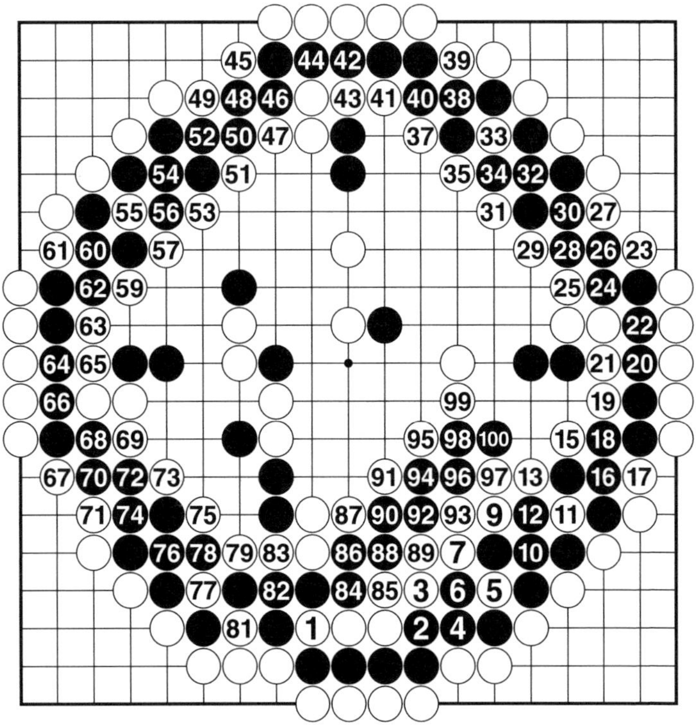

Abbildung 1 (1-100)
Schwarz 8, 14, 36, 58 und 80 verbinden.

Lösung zu Problem 4
(Fortsetzung)

Abb. 2 (101-159). Die Treppe dreht sich wie eine Wendeltreppe mehrmals im Kreis. Am Ende erhalten wir einen Vollmond, der über das ganze Brett strahlt.

Eckige Wände für das Zeichnen eines Kreises zu verwenden, ist nicht einfach!

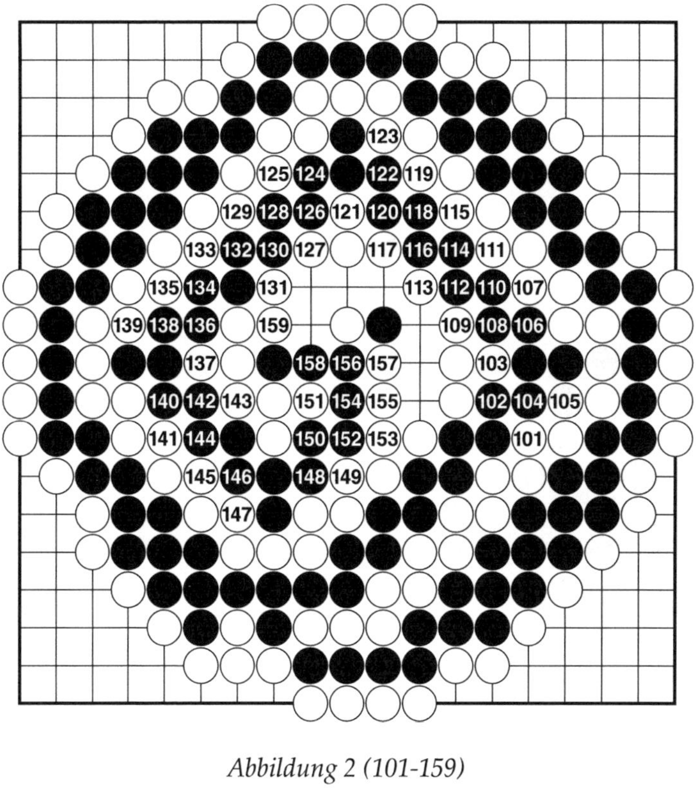

Abbildung 2 (101-159)

Lösung zu Problem 5

Abb. 1 (1-100). Hinweis für Anfänger: Schwarz 43 und 49 sind eine wichtige Technik um den Mangel an Freiheiten zu erhalten und die Treppe weiterspielen zu können.
Schwarz 95 ist ebenfalls sehr wichtig, denn setzt Schwarz hier auf 96, so funktioniert die Treppe später nicht mehr.

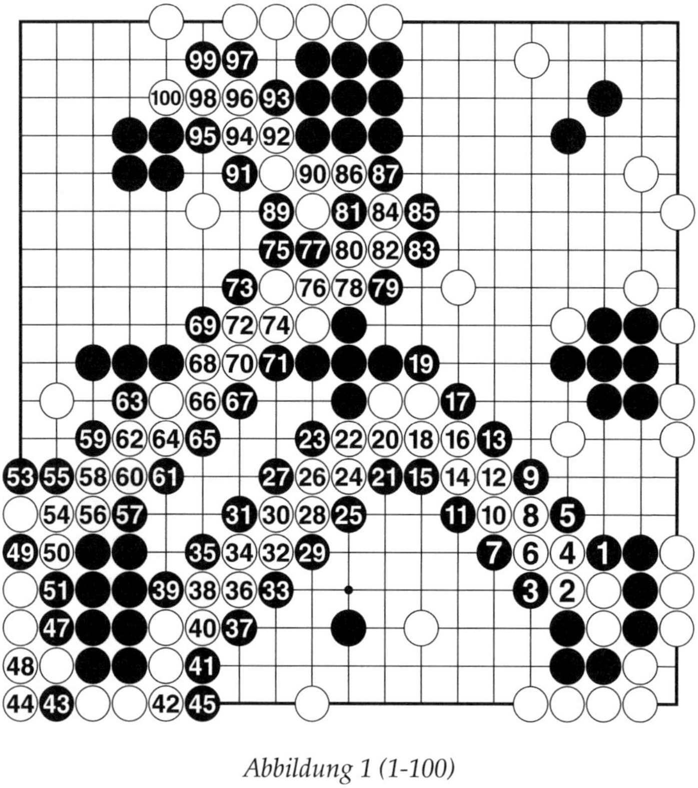

Abbildung 1 (1-100)
Weiß 46, 52 und 88 decken.

Lösung zu Problem 5
(Fortsetzung)

Abb. 2 (101-155). Schwarz 155 ist ein schöner Zieleinlauf!

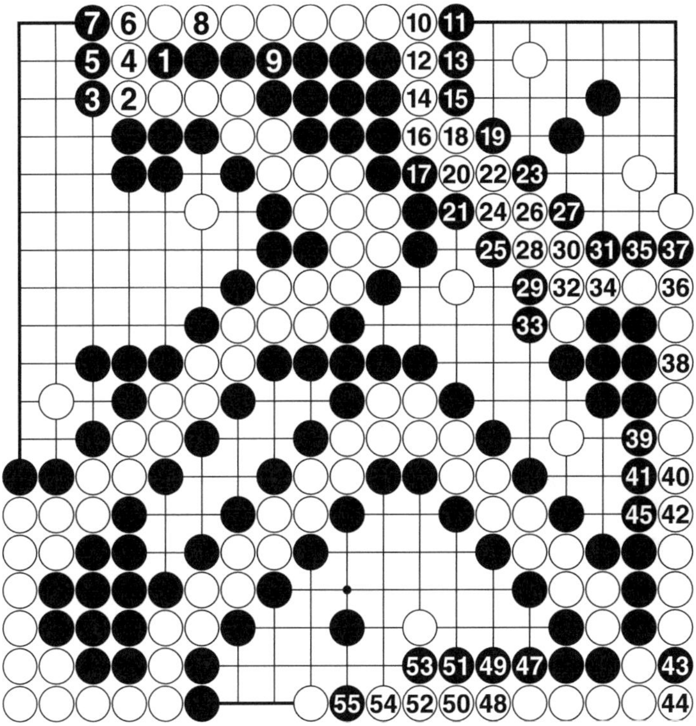

Abbildung 2 (101-155)
Weiß 46 deckt auf 43.

Lösung zu Problem 6

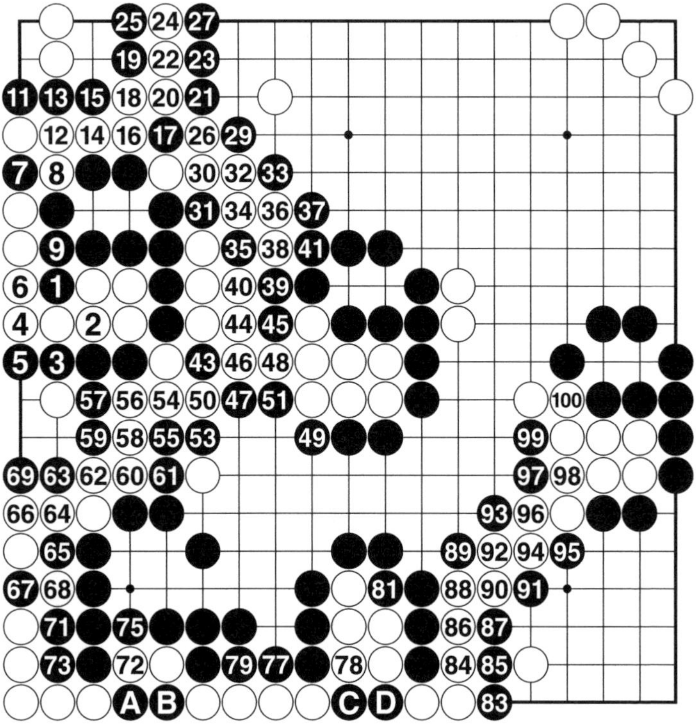

Abbildung 1 (1-100)
Weiß 10, 28, 42, 52 und 70 verbinden.
Weiß 74 auf A, 76 auf B, 80 auf C und 82 auf D.

Lösung zu Problem 6
(Fortsetzung)

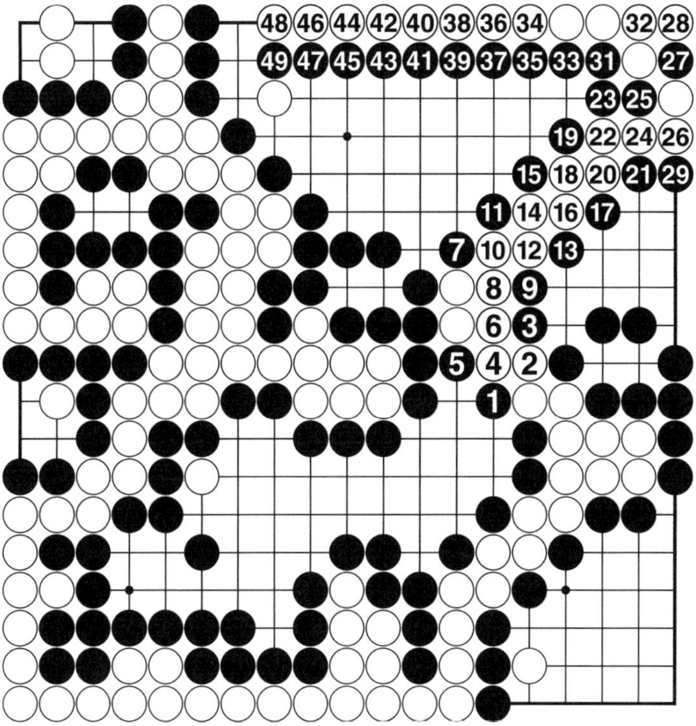

Abbildung 2 (101-149)
Weiß 30 deckt auf 27.

Lösung zu Problem 7

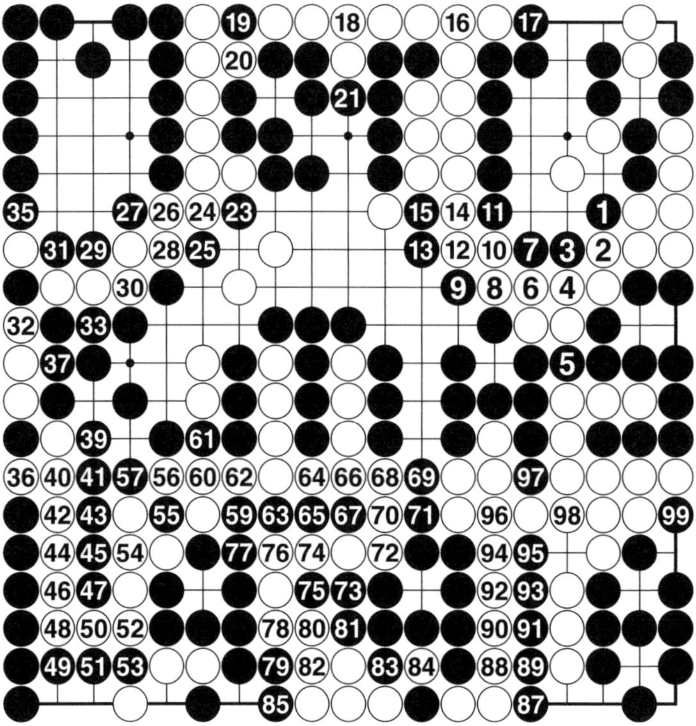

Abbildung 1 (1-99)
Weiß 22, 34, 38, 58 und 86 verbinden.

Lösung zu Problem 8

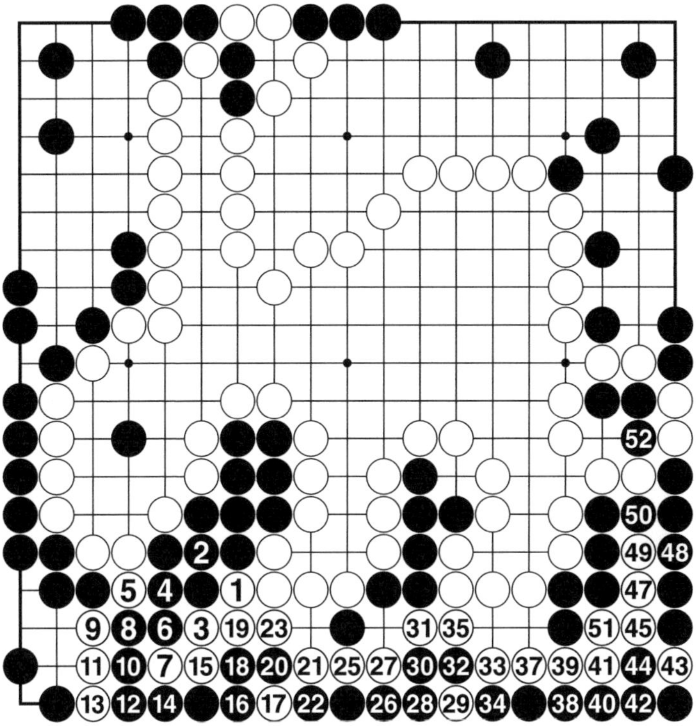

Abbildung 1 (1-52)
Schwarz 24, 36 und 46 verbinden.

Lösung zu Problem 8
(Fortsetzung)

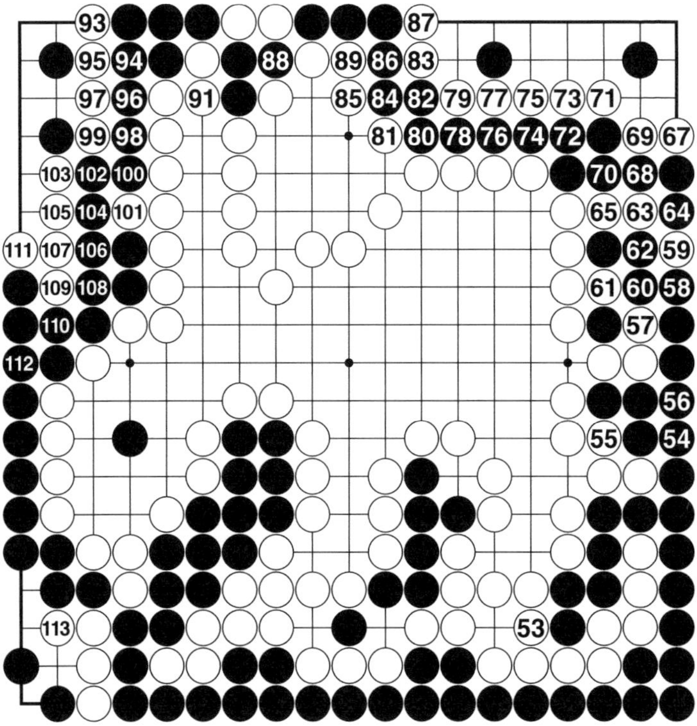

Abbildung 2 (53-113)
Schwarz 66, 90 und 92 decken.

Lösung zu Problem 9

Abb. 1 (1-100). Schwarz 35 bis 37 sind eine gute Taktik, die wir nun schon mehrmals gesehen haben.

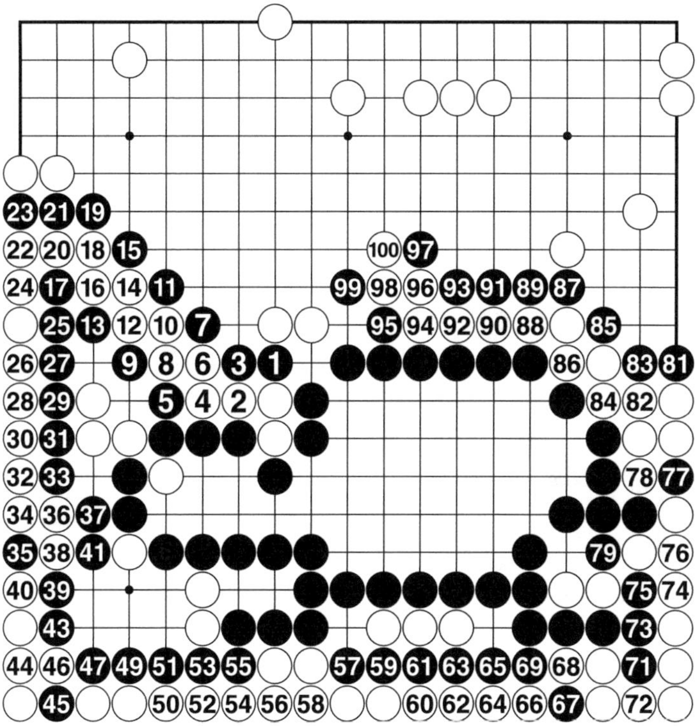

Abbildung 1 (1-100)
Weiß 42, 48, 70 und 80 decken.

Lösung zu Problem 9
(Fortsetzung)

Abb. 2 (101-161). Schwarz 161 bringt wieder einen sehr schönen Abschluss.

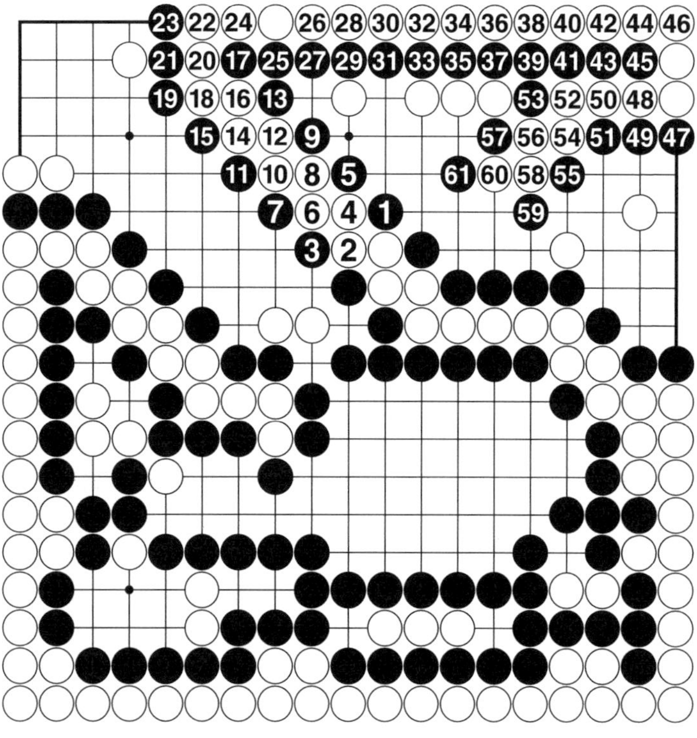

Abbildung 2 (100-161)

Lösung zu Problem 10

Abb. 1 (1-100). Schwarz 13 und 15 sind die richtige Reihenfolge.

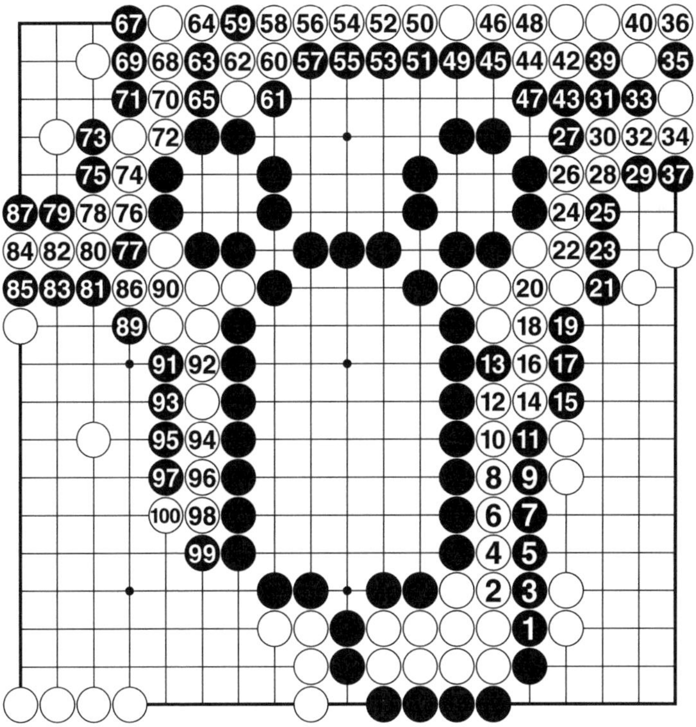

Abbildung 1 (1-100)
Weiß 38, 48, 66 und 88 verbinden.

Lösung zu Problem 10
(Fortsetzung)

Abb. 2 (101-123). Schwarz 123 ist ein gutes Ende.

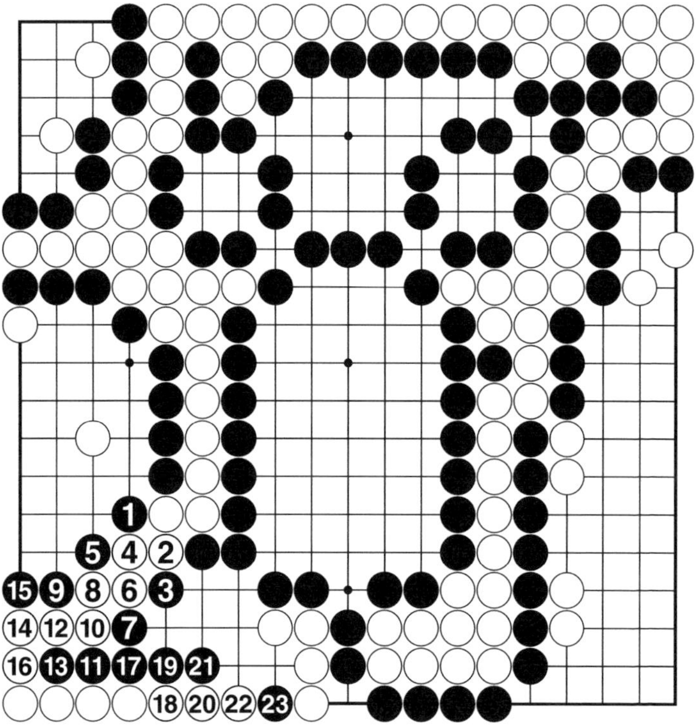

Abbildung 2 (101-123)

Lösung zu Problem 11

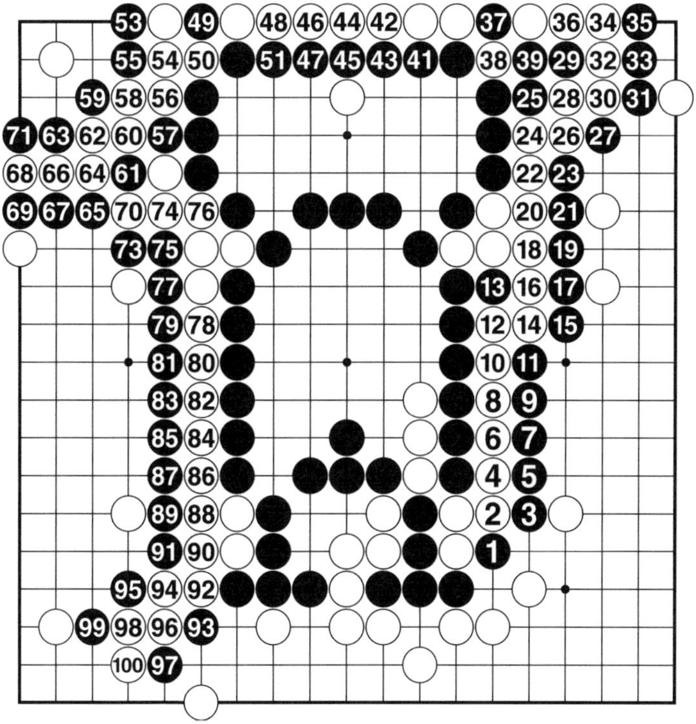

Abbildung 1 (1-100)
Weiß 40, 52 und 72 verbinden.

Lösung zu Problem 11
(Fortsetzung)

Abb. 2 (101-115). Schwarz 107 bis 115 sind sehr gut. Es sieht so aus, als ob der Büffel auf den weißen Steinen herumtrampelt.

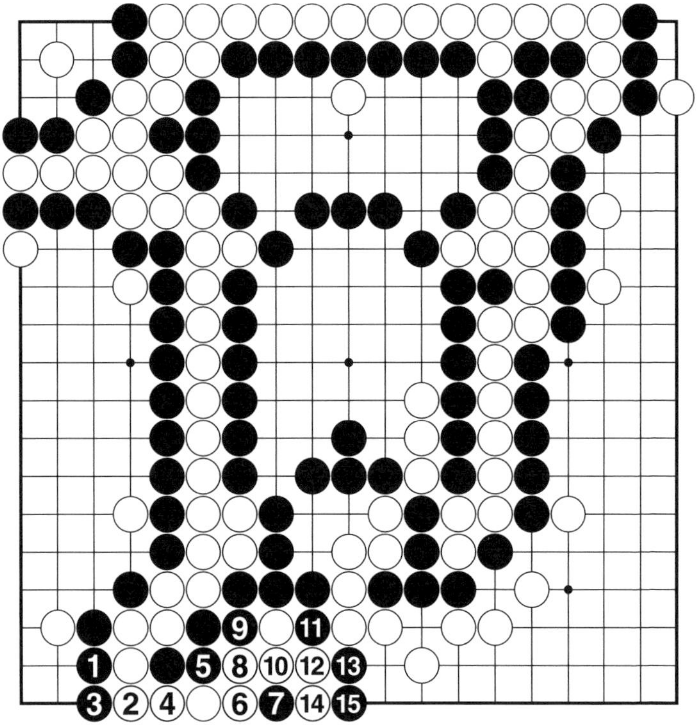

Abbildung 2 (101-115)

Lösung zu Problem 12

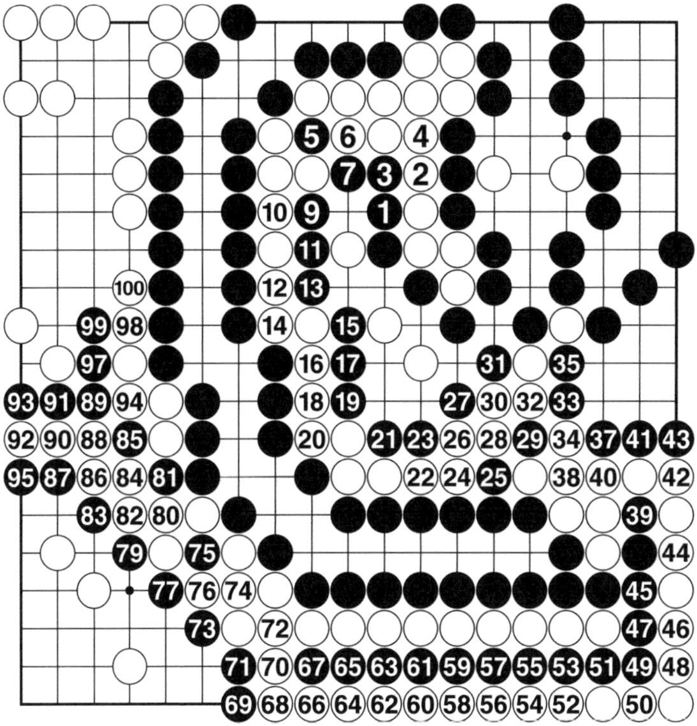

Abbildung 1 (1-100)
Weiß 8, 36, 78 und 96 verbinden.

Lösung zu Problem 12
(Fortsetzung)

Abb. 2 (101-121). Schwarz 107 ist ein guter Zug.

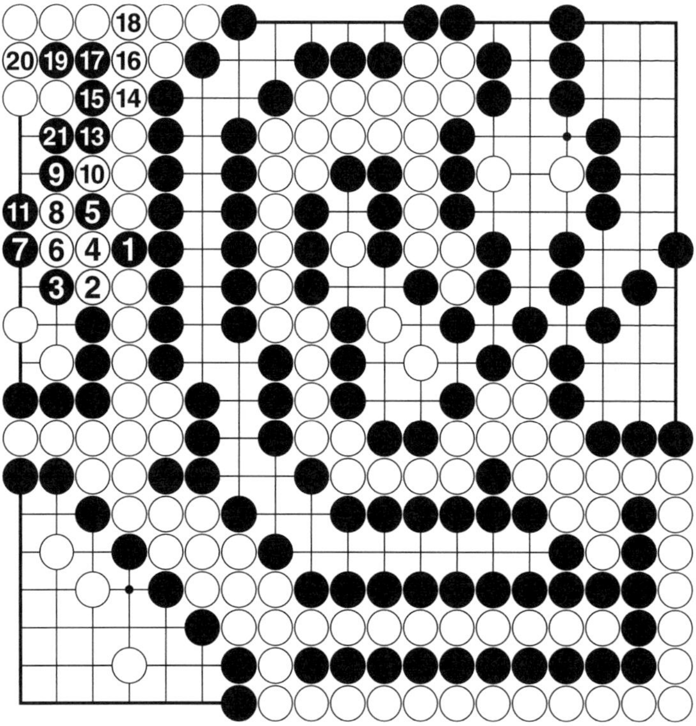

Abbildung 2 (101-121)
Weiß 12 verbindet auf 5.

Lösung zu Problem 13

Abb. 1 (1-100). Treppen verlaufen in der Regel in Zickzack-Form. Diese hier ist eine Ausnahme, denn die Treppe verläuft bis auf wenige Biegungen geradlinig hin und her, auf und ab.

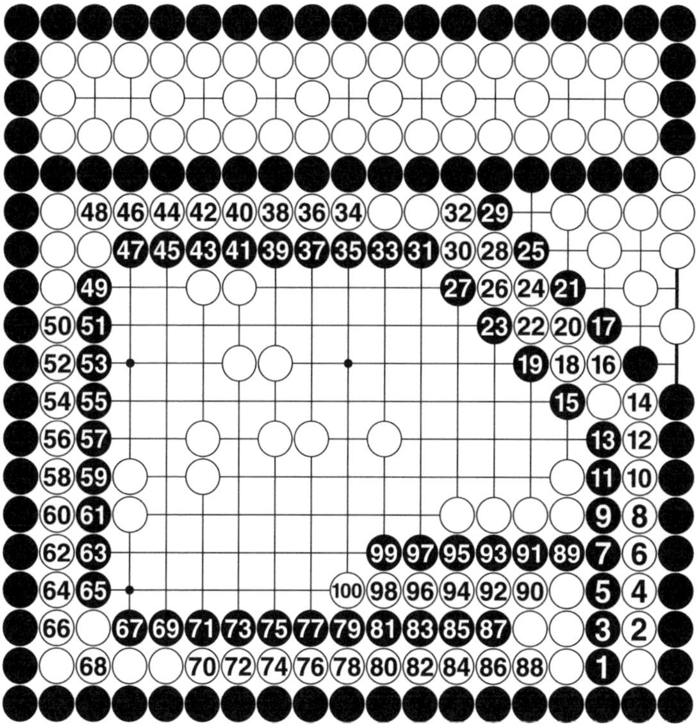

Abbildung 1 (1-100)

Lösung zu Problem 13
(Fortsetzung)

Abb. 2 (101-173). Diese Problem war sehr leicht zu lösen, aber es war nicht leicht, die Schlange zu erschaffen.

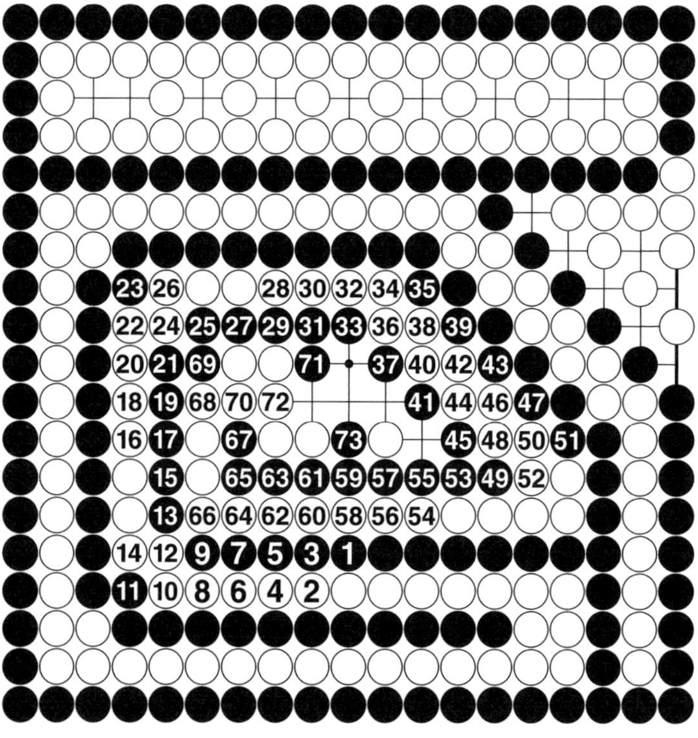

Abbildung 2 (101-173)

Lösung zu Problem 14

Abb. 1 (1-91). Weiß opfert sehr viele Steine, aber dies ist nur eine einfache Technik, um am Ende den „großen Fisch" zu fangen.

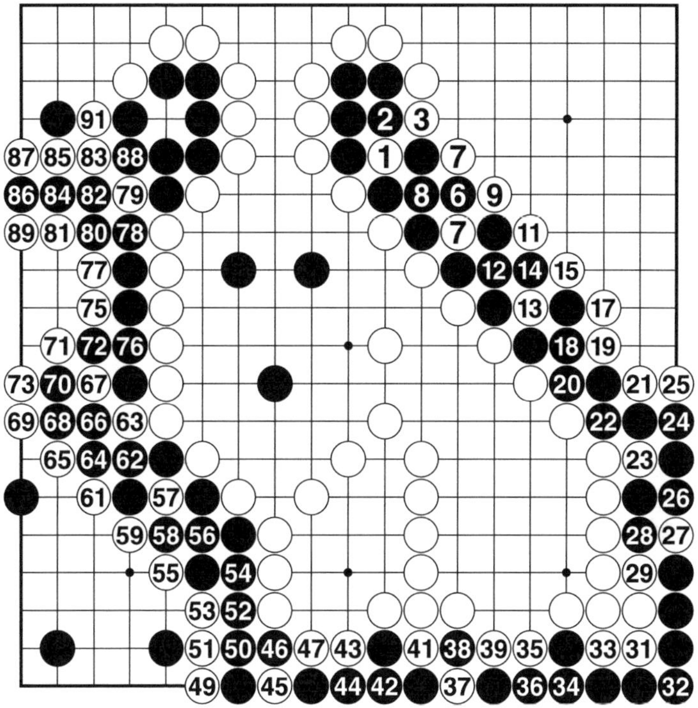

Abbildung 1 (1-91)
Schwarz 4, 10, 16, 30, 40, 48, 60, 74 und 90 decken.

Lösung zu Problem 15

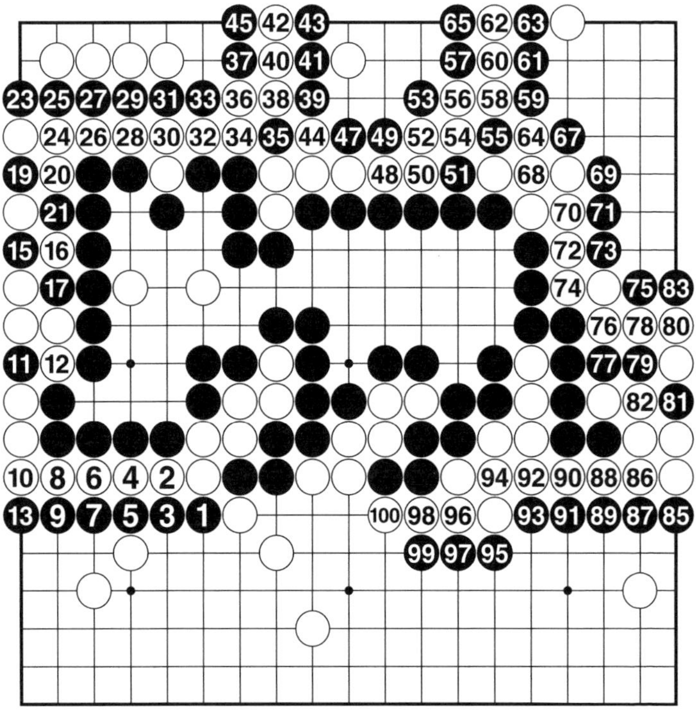

Abbildung 1 (1-100)
Weiß 14, 18, 22, 46, 66 und 84 decken.

Lösung zu Problem 15
(Fortsetzung)

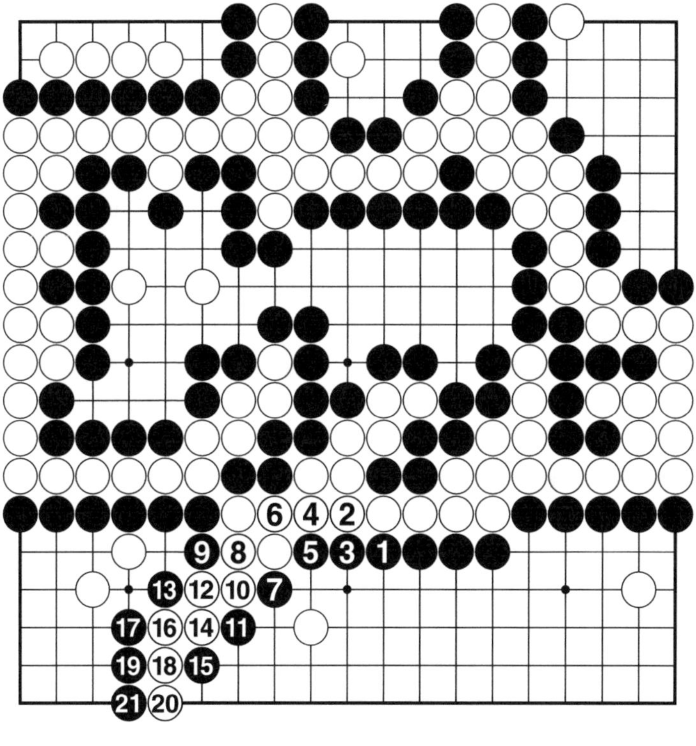

Abbildung 2 (101-121)

Lösung zu Problem 16

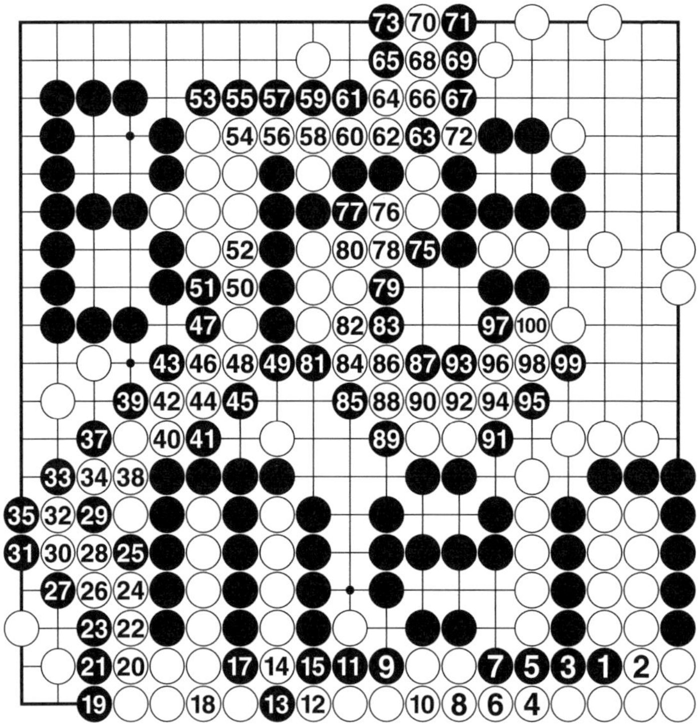

Abbildung 1 (1-100)
Weiß 16, 36 und 74 verbinden.

Lösung zu Problem 16
(Fortsetzung)

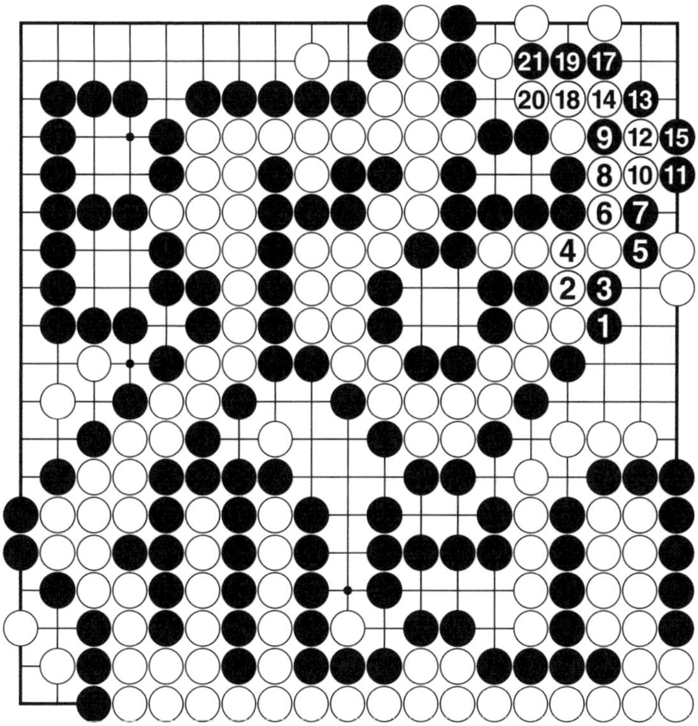

Abbildung 2 (101-121)
Weiß 16 verbindet auf 9.

Lösung zu Problem 17

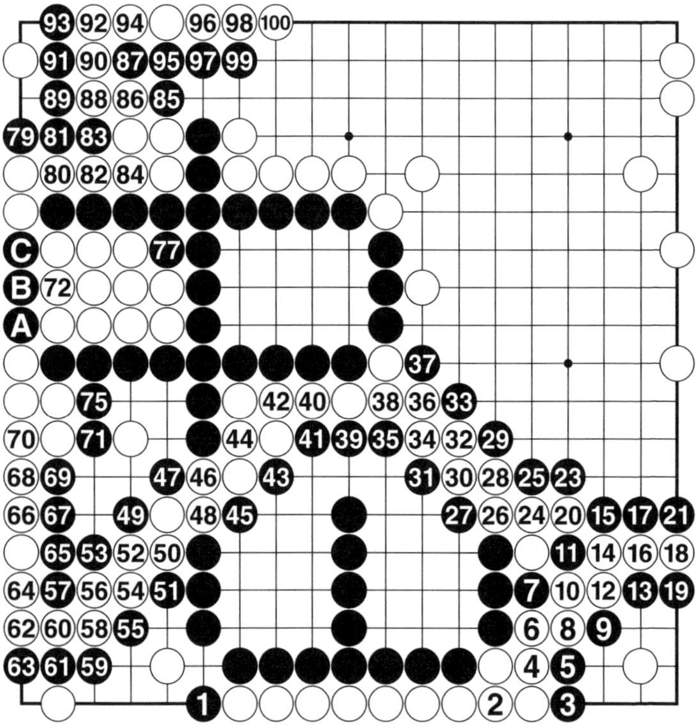

Abbildung 1 (1-100)
Weiß 22 auf 11, Schwarz 73 auf A,
Weiß 74 auf B und 78 auf C.

Lösung zu Problem 17
(Fortsetzung)

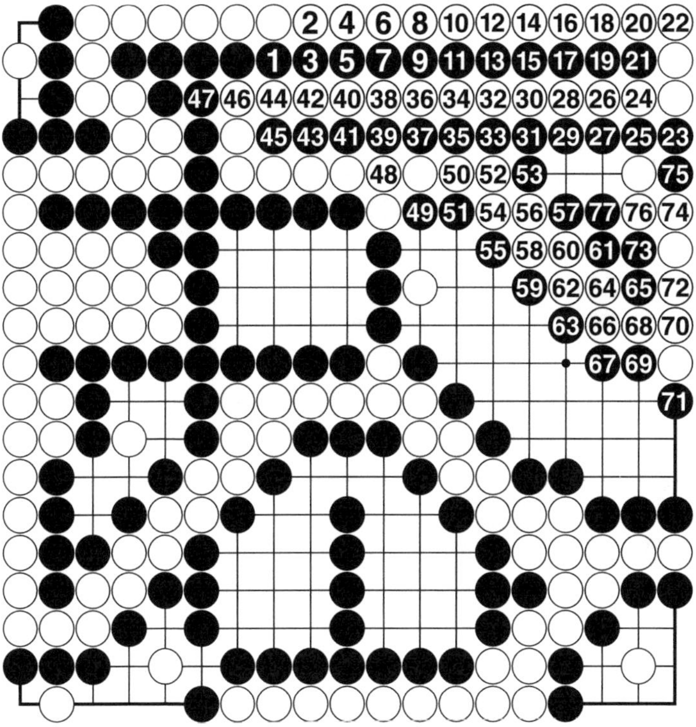

Abbildung 2 (101-177)

Lösung zu Problem 18

Abb. 1 (1-29). Obwohl alle kleinen Techniken wie die Treppe, das Netz, das Opfern und die Mausefalle in diesem Problem vorkommen, so ist es doch ein sehr einfaches Problem. Mit 1 bis 29 habt Ihr Japan gerettet. Vielen Dank!

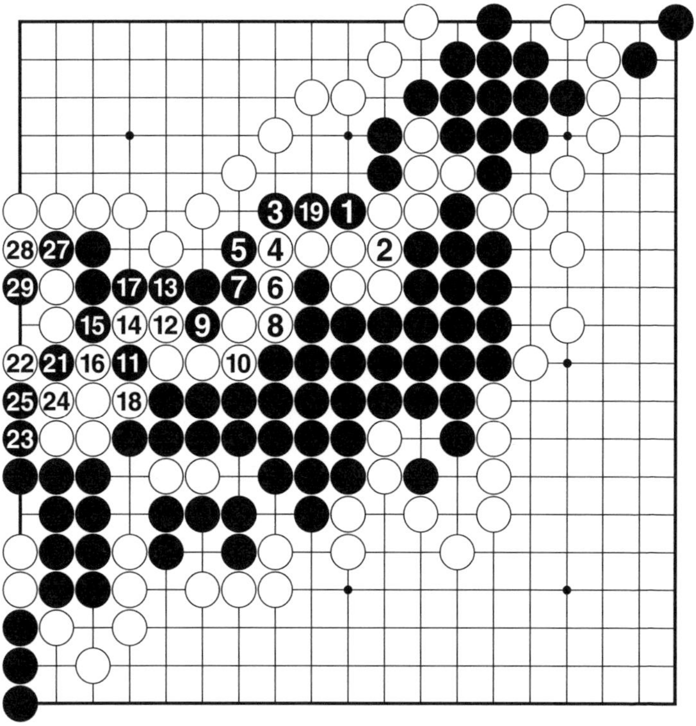

Abbildung 1 (1-29)
Weiß 20 und 26 verbinden.

Lösung zu Problem 19

Abb. 1 (1-100). Nach der Abfolge 1 bis 11 im Problem versucht Schwarz nun mit 1 usw. zu entkommen. Aber Weiß bleibt ihm auf den Fersen.
Wenn Schwarz 21 auf 22 spielt, dann antwortet Weiß auf 76 und es gibt kein Ko.

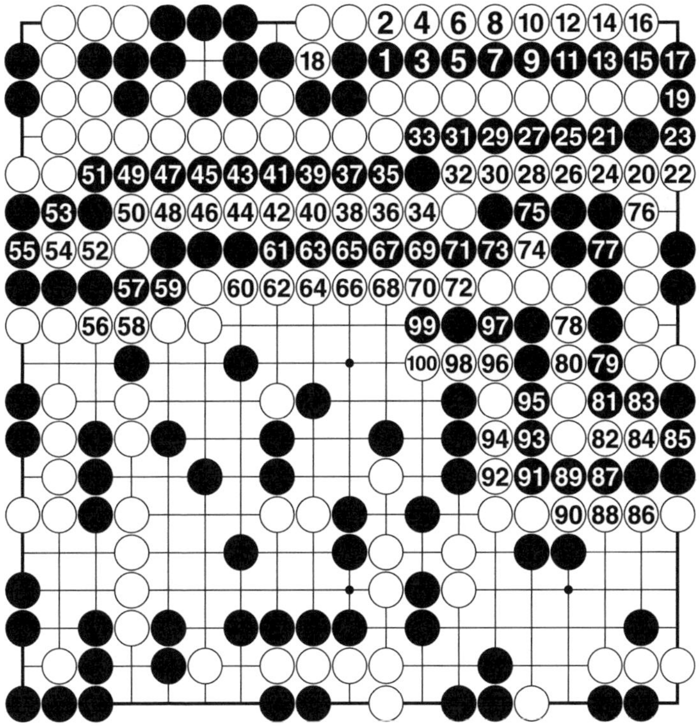

Abbildung 1 (1-100)

Lösung zu Problem 19
(Fortsetzung)

Abb. 2 (101-180). Schwarz steht nicht in Atari, aber er ist genauso hilflos als wenn er in Atari wäre. Schließlich macht Weiß den Sack mit 180 zu.

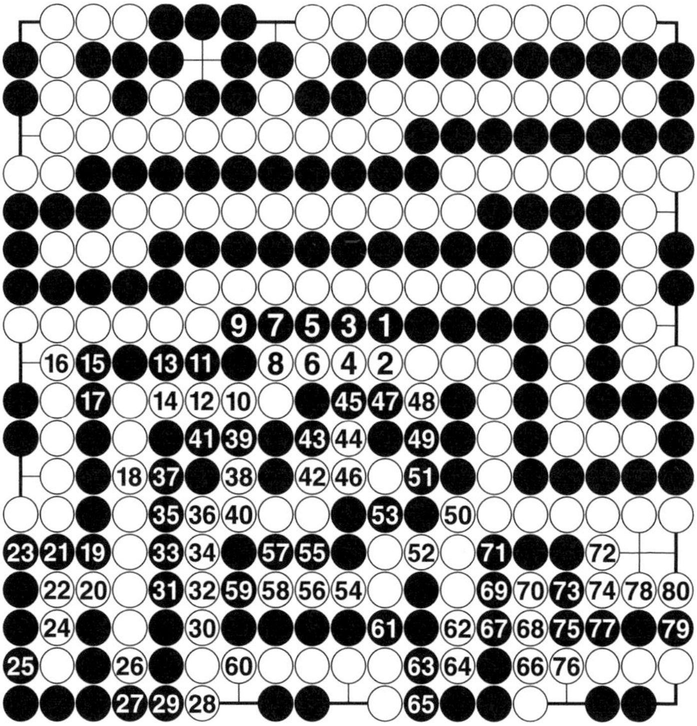

Abbildung 2 (101-180)

Lösung zu Problem 20

Abb. 1 (1-2). Diese Problem war lange Zeit als das größte Meisterwerk unter den Ganz-Brett-Problemen bekannt. Um es wirklich zu schätzen, sollte man es auf einem Brett aufbauen. Schwarz fängt 72 Steine und ist dennoch nicht in der Lage, zwei Augen zu bilden. Zuerst schlägt Weiß mit 1 und Schwarz lässt mit 2 eine Mausefalle zuschnappen.

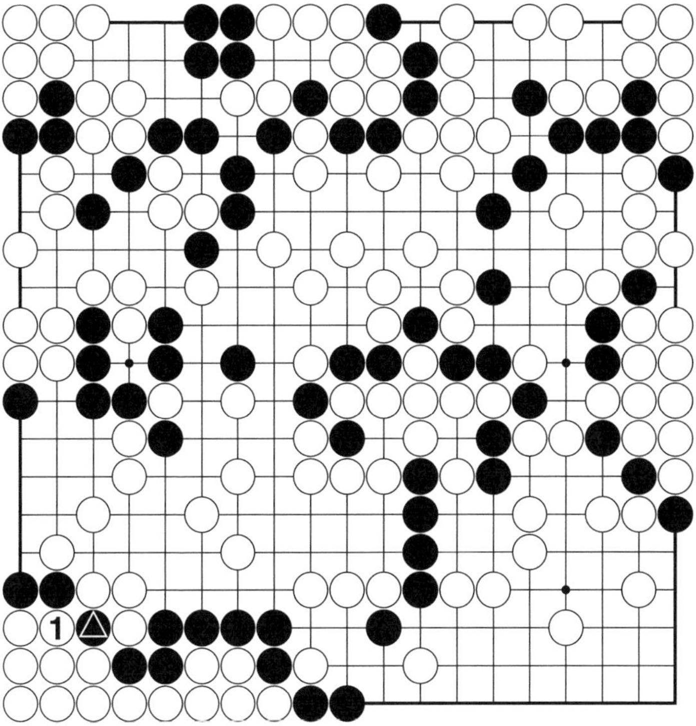

Abbildung 1 (1-2)
Schwarz 2 auf den markierten Stein.

Lösung zu Problem 20
(Fortsetzung)

Abb. 2 (3-14). Weiß spielt mit 3 „unter den Steinen“ und verhindert so, dass Schwarz ein zweites Auge in der Ecke bekommt. Schwarz versucht daher, mit 4 ein weiteres Auge zu bauen, aber Weiß hält dagegen.
Schwarz 12 beantwortet Weiß mit 13, einen einzelnen Stein rettend und Schwarz weitere sieben Steine überlassend.

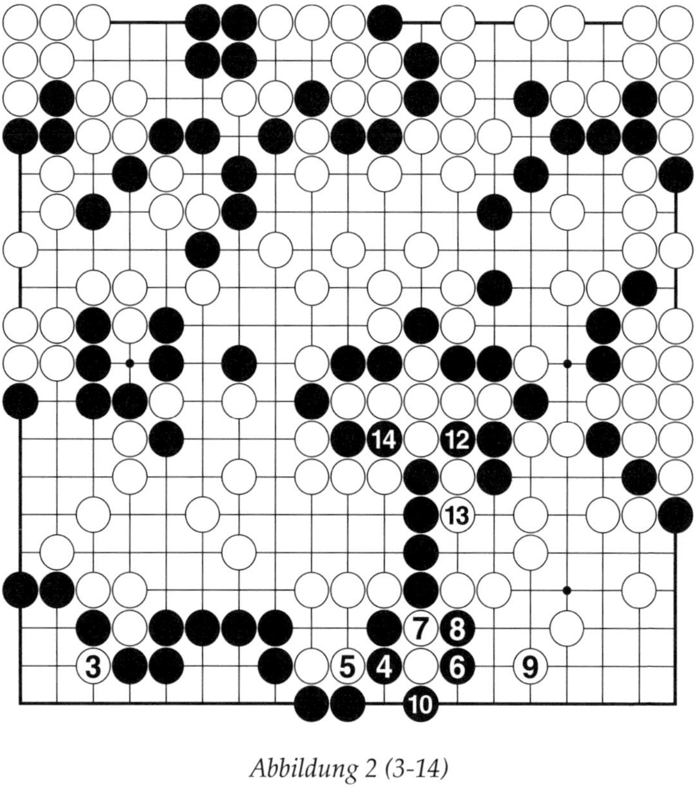

Abbildung 2 (3-14)
Weiß 11 auf 7.

Lösung zu Problem 20
(Fortsetzung)

Abb. 3 (15-20). Wenn Weiß 19 auf 20 spielt, dann fängt Schwarz den weißen Stein links von 19 und baut so ein zweites Auge. Daher hat Weiß keine Wahl und muss noch einmal zehn Steine opfern.

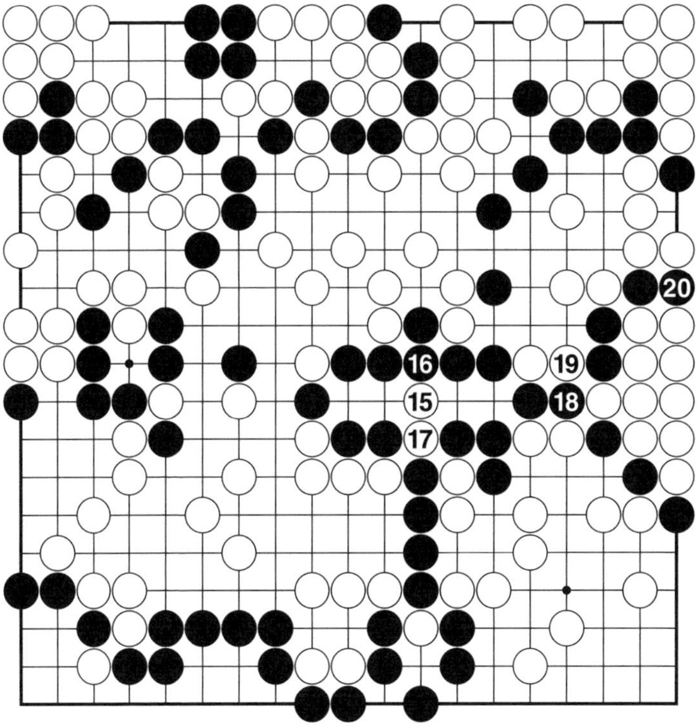

Abbildung 3 (15-20)

Lösung zu Problem 20
(Fortsetzung)

Abb. 4 (21-32). Weiß 21 und 23 verhindern, dass Schwarz ein zweites Auge baut. Daher flieht er mit 26 und 28 und greift schließlich mit 30 an. Aber Weiß hat das exzellente Tesuji 31. Man beachte, dass wenn Schwarz 30 auf 31 Doppelatari gibt, Weiß auf 30 deckt. Wenn Schwarz dann auf 31 schlägt, kann Weiß wieder „unter den Steinen" das Auge verhindern.

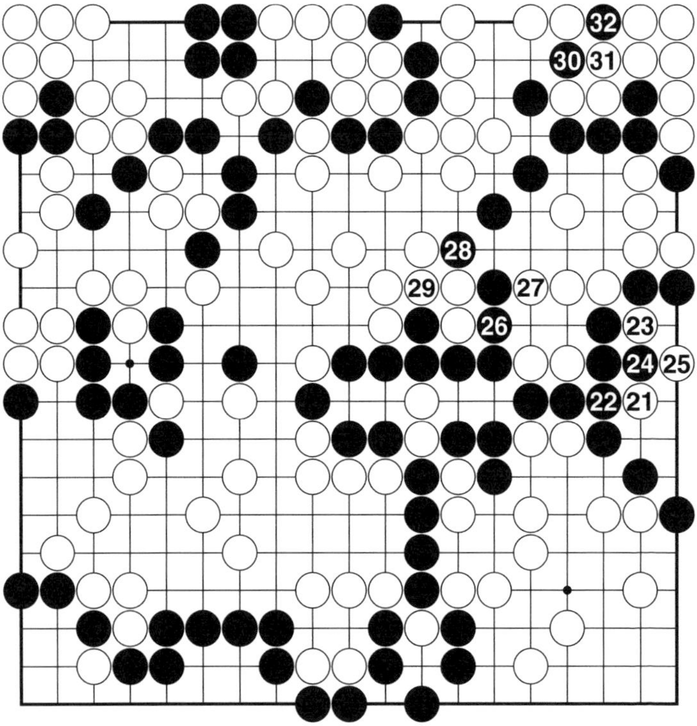

Abbildung 4 (21-32)

Lösung zu Problem 20
(Fortsetzung)

Abb. 5 (33-52). Jeder Zug ist erzwungen. Das Problem ist ein Kunstwerk.

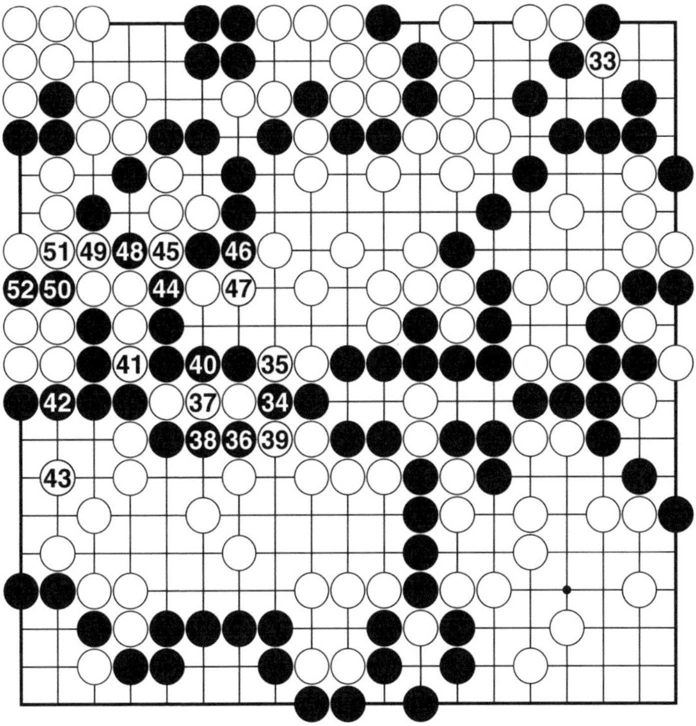

Abbildung 5 (33-52)

Lösung zu Problem 20
(Fortsetzung)

Abb. 6 (53-56). Ich kann mir nicht helfen, Honinbo Dosaku und Meijin Inseki zu bewundern, die solch ein faszinierendes Problem vor über dreihundert Jahren geschaffen haben. Ich kann mir ihre Belustigung über meine linkischen Nachahmungsversuche vorstellen.

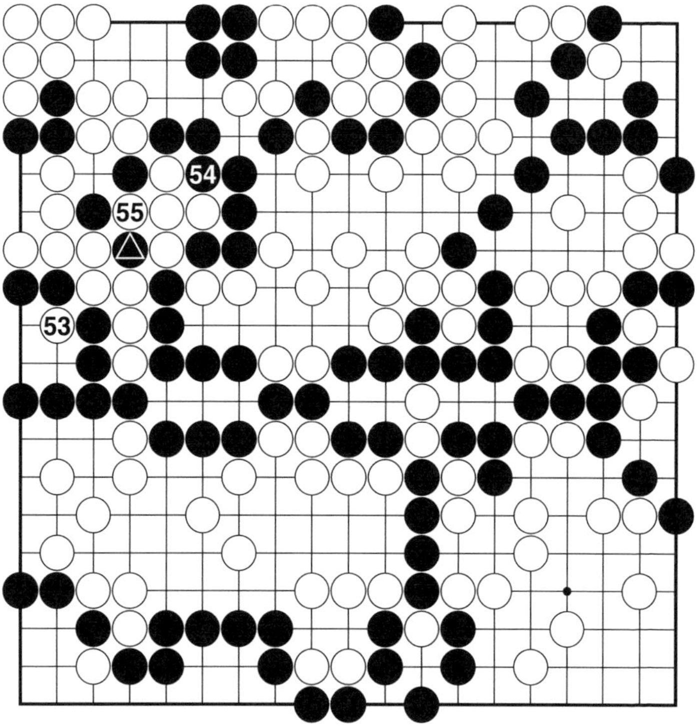

Abbildung 6 (53-56)

Lösung zu Problem 20
(Fortsetzung)

Abb. 7 (57-62). Weiß 61 ist ein brillanter Zug. Wenn Weiß auf A oder 62 spielen würde, dann wäre Schwarz B Vorhand und Schwarz bekäme hier ein zweites Auge.

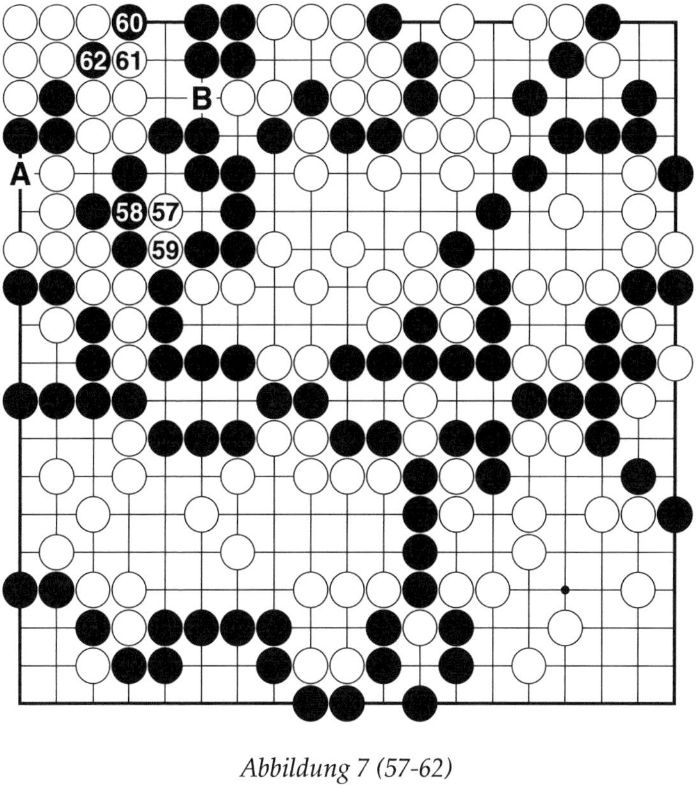

Abbildung 7 (57-62)

Lösung zu Problem 20
(Fortsetzung)

Abb. 8 (63-66). Schwarz hat nicht mehr viele Möglichkeiten. Das Ende naht.

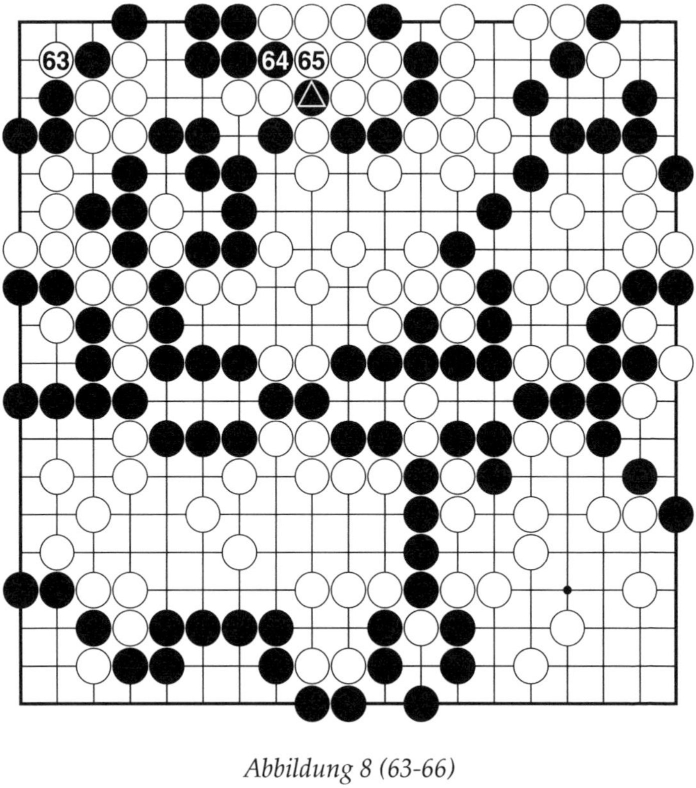

Abbildung 8 (63-66)
Schwarz 66 schlägt acht Steine auf dem markierten Stein.

Lösung zu Problem 20
(Fortsetzung)

Abb. 9 (67-79). Mit 79 ist dem Schwarzen endlich die Luft ausgegangen. Weiß hat ihm 72 Steine geopfert, aber kein Leben gegönnt.
Dieses Problem ist einzigartig. Es ist kein Wunder, dass viele Profi-Spieler zu Dosaku aufsehen als den besten Go-Spieler unter allen.

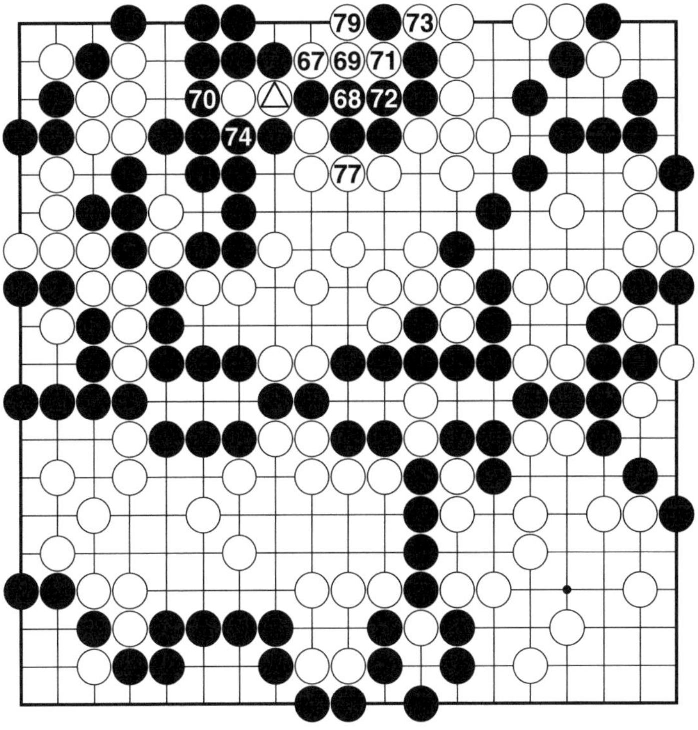

Abbildung 9 (67-79)
Weiß 75 auf den markierten, Schwarz 76 schlägt und 78 verbindet.

Glossar

Aji	wörtlich: „Geschmack". Möglichkeiten, die in einer Stellung vorhanden sind. Bei der Ausnutzung dieser Möglichkeiten kommt es meist auf den richtigen Zeitpunkt an.
Atari	Ein Stein oder eine Gruppe von Steinen mit nur noch einer Freiheit. Er/sie können im nächsten Zug geschlagen werden.
Byoyomi	Zusätzliche Bedenkzeit, die ein Spieler bekommt, wenn seine reguläre Bedenkzeit abgelaufen ist. Profis spielen z.B. mit zehn Züge á eine Minute. Wenn innerhalb der ersten Minute gezogen wird, hat man für den nächsten Zug wieder eine volle Minute Bedenkzeit. Wenn innerhalb der ersten Minute nicht gezogen wird, wird das Byoyomi um einen Zug reduziert. Wenn der Spieler insgesamt zehnmal eine Minute überschritten hat, verliert er auf Zeit.
Hane	Diagonalzug eines Steins, der um einen gegnerischen Stein umbiegt.
Hayashi	Eine der vier Schulen des Go während der Edo-Periode, die vom Shogunat gefördert wurden.
Dan	Meistergrad. Man unterscheidet Amateur- und Profi-Meistergrade.
Fuseki	Eröffnung.
Honinbo	1. Bedeutendste Go-Schule in der Edo-Perido. Das Oberhaupt dieser Schule führte ebenfalls den Namen Honinbo als Titel. 2. Der drittwichtigste der sieben großen Titel in Japan. Er wird seit 1939 von der Mainichi Shinbun gesponsert.
Honte	Angemessener Zug im Go, der gegenüber anderen Zügen den Vorteil hat, das geringste Aji zurückzulassen.
Hoshi	Stern. Besondere Punkte auf Go-Brett.
Insei	Status bzw. Bezeichnung eines Spielers, der Go beim Nihon Kiin bzw. Kansai-Kiin studiert, um Profi-Spieler zu werden.
Jigo	Unentschieden. Eine Partie endet im Gleichstand.
Joseki	Ein formelhaftes Abspiel. Es wird meistens in der Ecke gespielt, kann aber auch am Rand oder in der Mitte gespielt werden. Das Resultat ist normalerweise lokal ausgeglichen.
Judan	Einer der sieben großen Titel in Japan. Er wird seit 1962 ausgespielt und von der Sankei Shinbun gesponsert.
Juketsu	Das Juketsu-Turnier wurde nur sechsmal ausgetragen (1955 bis 1961) und dann durch die Meijin- and Judan-Titelturniere abgelöst.
Kansai Kiin	Vereinigung professioneller Go-Spieler in Japan. Aus einer Abspaltung des Nihon Kiin hervorgegangen.
Keima	Pferdesprung.
Kifu	Partiemitschrift.

Kisei — Der Kisei ist der Titel mit dem höchsten Prestige und Preisgeld in Japan. Er wird seit 1977 ausgespielt und von der Yomiuri Shinbun gesponsert.

Ko — Stellung, in der wiederholendes Schlagen eines einzelnen Steines möglich ist. Die Ko-Regel verbietet daher, in einem Ko sofort zurückzuschlagen.

Komi — Anzahl von Punkten, die der schwarze Spieler dem Weißen als Ausgleich dafür gibt, dass Schwarz anfängt.

Mane-Go — Spiegel-Go. Einer der Spieler kopiert den anderen, indem er den jeweils den spiegelsymmetrischen Zug spielt.

Moyo — Potentielle Gebietsanlage, die noch invadiert werden kann.

Meijin — 1. Historisch wurde der Titel des Meijin an den stärksten Spieler der Edo-Periode verliehen. 2. Einer der sieben großen Titel in Japan. 1961 von der Zeitung Yomiuri Shinbun gesponsert, wurde er nach 14 Austragungen von der Asahi Shinbun übernommen. Diese hat die Nummerierung neu begonnen, so daß das 1. Asahi Meijin Turnier 1976 ausgetragen wurde. Der Meijin ist der Titel mit dem zweithöchsten Prestige und Preisgeld nach dem Kisei.

Nakade — Bezeichnet eine Innenform, in der der Gegner durch das Setzen eines Steins zwei Augen verhindern und so die Gruppe töten kann.

Nihon Kiin — Größte Vereinigung professioneller Go-Spieler in Japan.

Oteai — Einstufungsturnier der Profis, die im Nihon Kiin bzw. Kansai Kiin organisiert sind.

Oza — Einer der sieben großen japanischen Titel im Go, gesponsert von der Nihon Keizai Shinbun seit 1953. Er ist von Prestige her der sechste Go-Titel eines japanischen Go-Turnieres.

Ponnuki — Form von vier Steinen einer Farbe um einen Schnittpunkt herum.

Seki — Position, in der zwei gegnerische Gruppen leben, weil sie sich nicht angreifen können; lokales Patt.

Sensei — Meister, Lehrer. Höfliche Form der Anrede gegenüber einem älteren bzw. sozial höher Stehenden. Im Go auch bei der Anrede von Profis.

Shinogi — Retten einer schwachen Gruppe, die angegriffen wird.

Shodan — Erster Dan. Der niedrigste Meistergrad.

Tengen — Mitte des Himmels. Brettmittelpunkt.

Tesuji — Ein technisch guter Zug, der in einer lokalen Situation das Optimum darstellt. Nur dieser Zug erreicht etwas, das kein anderer Zug erreichen kann.

Treppe — Eine Technik, mit der eine Gruppe gefangen wird, die nur noch zwei Freiheiten hat. Man spielt immer wieder Atari und treibt die Gruppe so an den Rand oder auf einen eigenen Stein zu, wo sie dann gefangen wird.

Tsume-Go — Problem-Go.

Thomas Hillebrand

Go.
Grundlagen und elementare Techniken

Go ist ein sehr komplexes Spiel. Wahrscheinlich hat sich jeder Go-Einsteiger nach dem Lesen der Regeln oder eines Einführungsbuches gefragt: "Und jetzt?"

Sicher, es gibt weiterführende Literatur. Doch diese umfasst meist nur bestimmten Aspekte des Spiels und setzt einige Erfahrung voraus. Diese Erfahrung möchte der Autor mit Hilfe dieses Buches vermitteln. Es ist ein Buch für diejenigen, die die Spielregeln bereits kennen oder ein Einsteigerbuch gelesen haben und nun wissen möchten, wie es weiter geht. So wird die Lücke zwischen Regelkenntnis und weiterführender Vertiefung geschlossen.

Das Buch beinhaltet alle grundlegenden Themen des Go-Spiels:

Eröffnung	Wohin die ersten Steine der Partie setzen?
Standardabspiele	Die wichtigsten Joseki in den Ecken kennen lernen.
Angriff und Verteidigung	Wo sind gute Angriffs- und Verteidigungspunkte?
Leben und Tod	Wie man gegnerische Gruppen fängt und gegnerische Angriffe abwehrt.
Endspiel	Standardfolgen für die letzten Punkte.
Auszählen	Formal das Ende der Partie feststellen und das Ergebnis bestimmen.

ISBN 978-3-940563-00-2, EUR 14,90, 2007

BRETT UND STEIN
VERLAG